Ben Ahlfeld
Lisa Thommesen

NLP und Körpersprache

erfolgreich nonverbal kommunizieren

ZHI CONsulting
www.ZHIconsulting.de

Gratulation – wenn du dieses Buch in deinen Händen hältst, hast du bereits den ersten wichtigen Schritt zu mehr Erfolg, verbesserter Kommunikation und persönlichem Glück getan. Was auch immer du dir vorgenommen hast, sei es deine privaten Ziele leichter zu erreichen, bessere Wirkung in der Arbeit zu erzielen, einen angenehmen Umgang mit Freunden und Familie zu pflegen oder bewusster mit deinen individuellen Ressourcen umzugehen, NLP und Körpersprache bietet dir eine Vielzahl an Techniken, die du sofort umsetzen und anwenden kannst.

In jedes Thema wirst du leicht verständlich und mit viel Spaß an der Kommunikation eingeführt und erhältst somit nicht nur ein umfangreiches Nachschlagewerk zur menschlichen Körpersprache, sondern auch einen ersten, tiefen Einblick in die Neuro Linguistische Programmierung. Die vielen Bilder demonstrieren lebendig die Umsetzungen in den beruflichen und privaten Alltag.

Dieses Buch ist nicht nur in der Thematik einzigartig, sondern auch in der Art, wie sie aufgearbeitet wurde. Wir haben erstmals Sach-, Übungsbuch und Roman miteinander kombiniert. Genau diese Form hilft dir dabei, mit möglichst viel Freude und Interesse ins Thema einzutauchen.

Unser Tipp: Mach alle Übungen in der Reihenfolge, wie sie im Buch stehen – und du wirst erstaunt sein, wie schnell und leicht du Veränderungen bewirken kannst!

Ben Ahlfeld & Lisa Thommesen

Inhalt

Inhaltsverzeichnis

Einleitung

Dieses Buch wurde für dich geschrieben, wenn du in einem deiner Lebensbereiche mit Kommunikation zu tun hast. Natürlich wird dir schnell auffallen: Leben ist Kommunikation. Das ist auch logisch, denn schon Watzlawick wusste: „Du kannst nicht nicht kommunizieren." Selbst wenn jemand tot auf dem Boden liegt, kommuniziert er und zwar: „Ich bin tot!"

Dies zeigt bereits auf, was vielen als das „Eisberg-Modell" bekannt ist: Nur fünf bis sieben Prozent des Inhalts der Kommunikation machen die tatsächliche Sachbotschaft aus. Viel wichtiger sind mit 20-30% Stimme, Tonalität, Sprechrhythmus, Klangfarbe und Melodie und mit 60-70% die nonverbale Kommunikation mittels Gestik, Mimik, Köperhaltung, Bewegungsabläufen und äußerem Erscheinungsbild.
Wir trennen demnach vokale Kommunikationselemente von nonvokalen. Vokal sind Stimmqualität und Sprechweise, wohingegen der nonvokale Part einerseits körperlich und andererseits materiell dargestellt wird. Am einfachsten lassen sich materielle Gegebenheiten ändern, also Kleidung, Accessoires und Besitztümer. Körperlich ist die statische Voraussetzung eher vorbestimmt, was Körperbau, Gesichts- und Hautfarbe beinhaltet. **Dynamische Aspekte der Kommunikation lassen sich** hingegen **sehr leicht positiv verändern**: Mimik, Gestik und Körperbewegungen.

Bevor du ein neues Verhalten in deine Persönlichkeit integrierst, durchläufst du einen bestimmten Veränderungsprozess.

Damit dieser Prozess überhaupt in Gang gesetzt wird, muss dir jedoch erst einmal bewusst werden, dass du dieses Verhalten erlernen möchtest. Ebenso wie dieses Bewusstwerden deines Wunsches muss jede Information, bevor sie überhaupt bewusst werden kann, mehrere Wahrnehmungsfilter durchlaufen, die für jeden Menschen unterschiedlich sein können. Sie sind durch deine individuelle Erfahrung entstanden und sortieren alle Informationen, die deine fünf Sinneskanäle aufnehmen, nach bestimmten Kriterien aus. Diese vorbewussten Filter sind sowohl für gewünschte als auch weniger gewünschte Ergebnisse verantwortlich, die in deinem späteren Verhalten präsent werden.

Du solltest dir darüber im Klaren sein, dass jeder Mensch eine für sich individuell gefärbte Brille trägt, durch die er die Welt betrachtet und durch sie Informationen jeweils so filtert, wie er gewohnt ist, sie zu sortieren – noch lange, bevor ihm das überhaupt bewusst zur Verfügung steht. Dies ist auch völlig logisch, denn dein Unbewusstes hat unter anderem die Aufgabe, Relevantes von nicht Relevantem zu unterscheiden, um dir dabei zu helfen, dich in der Welt zurechtzufinden.

Das Lernen - oder anders ausgedrückt: individuelle Veränderungsprozesse - werden bewusst und selbstbestimmt durchgeführt, immer nach dem gleichen Prinzip. Beim Erlernen einer neuen Fähigkeit durchläufst du jedes Mal dieselben vier Phasen.

Die 4 Stufen der Kompetenz

Als Beispiel nehmen wir hier das Fahrradfahren. Erinnere dich zurück, als du als kleines Kind zum ersten Mal ein Fahrrad auf der Straße gesehen hast. Du befandest dich auf der Stufe der unbewussten Inkompetenz, wo du nicht wusstest, dass du nicht Fahrrad fahren kannst. Als du aber selbst aufsteigen musstest und ohne Stützräder fahren wolltest, bist du ziemlich sicher nicht sehr weit gekommen, ohne umzukippen. Du wusstest nun, dass du es doch noch nicht kannst – du warst bewusst inkompetent. Als du aber das nächste Fahrrad an dir vorbeizischen sahst, wusstest du: Das will ich auch können! Und nun konnte dich keiner mehr zurückhalten, bis du eines Tages wirklich von ganz allein die Balance halten konntest – dies war der Gipfel der bewussten Kompetenz. Gerade so konntest du das Gleichgewicht halten und treten gleichzeitig, obwohl du noch nervös warst. Du musstest dich auf viele Dinge gleichzeitig konzentrieren, um sicher von A nach B zu kommen. Wenn ich dir heute ein Rad zeige, wirst du mit großer Wahrscheinlichkeit aufsteigen, in die Pedale treten und losfahren, ohne viel nachzudenken. Wir würden uns nebenbei unterhalten können und du müsstest dich überhaupt nicht mehr bewusst darauf konzentrieren, die Pedale gleichmäßig zu treten und den Lenker gerade zu halten. Dies ist die Stufe der unbewussten Kompetenz – dein Ziel.

$\mathcal{U}$bung: Schärfe deine Sinne 1

Was du dazu brauchst: Diese Übung kannst du allein durchführen, es ist allerdings angenehmer, jemanden dabeizuhaben, der dir gegebenenfalls hilft und auf dich aufpasst. Du benötigst einen Raum, in dem du ohne Hindernisse auf eine Wand zugehen kannst.

Was zu tun ist: Gehe mit geschossenen Augen auf eine Wand zu, verlasse dich auf all deine Sinne (außer natürlich dem Sehen). Bleibe in dem Moment stehen, in dem du das Gefühl hast, dass du gleich mit deiner Nasenspitze an der Wand ankommst. Öffne jetzt deine Augen und sieh nach, wie weit oder nah du von deinem Ziel entfernt bist. Wiederhole diese Übung einige Male, bis du ein Gefühl dafür entwickelst, wie weit du gehen kannst.

Reflexion: Auf welche Sinne hast du dich verlassen, hast du die Wand vielleicht sogar gespürt, hast du sie gerochen, vielleicht hast du auch wahrgenommen, dass sich der Schall im Raum verändert hat, je näher du der Mauer gekommen bist? (Um dieses Phänomen deutlicher zu machen: Musik!)

Der Sinn dahinter: Erkenne, wozu dein Körper und dein Geist imstande sind, was dir alles behilflich ist, deinen Alltag zu meistern und darauf zu achten, was im ersten Moment nicht offensichtlich ist.
Durch den Besuch eines gut aufgebauten Workshops mit qualifizierten Trainern kann jedoch die Abkürzung genommen werden, von der unbewussten Stufe der Inkompetenz direkt zur Stufe der unbewussten Kompetenz. Dies erklärt den Preis eines guten Coaches, da dem Teilnehmer weit mehr Zeit eingespart wird, als er benötigen würde, um diese Kompetenzstufe in Eigenverantwortlichkeit zu erreichen. Beide Wege sind je nach Geschmack

sinnvoll und haben ihr Pro und Contra, weshalb dieses Buch die Möglichkeit bietet, sowohl bereits vorhandenes Basiswissen zu vertiefen, als auch als Nachschlagewerk zu dienen, zur Vorbereitung auf einen möglichen Kurs oder zum Erwerb der erwünschten Fähigkeiten in Eigenarbeit. Es steht dir frei, den kürzeren Weg zu nehmen und dort zu lernen, wo Kommunikation stattfindet: im echten Leben.

Genau hier, beim Vervielfachen der Möglichkeiten, kommt NLP ins Spiel. Dessen Geschichte beginnt in den siebziger Jahren des zwanzigsten Jahrhunderts, als die beiden amerikanischen Wissenschaftler Richard Bandler und John Grinder aufeinander trafen. John Grinder war zu diesem Zeitpunkt Assistenz-Professor für Linguistik an der Universität von Kalifornien in Santa Cruz, USA. Die beiden beschlossen herauszufinden, auf welche Weise Experten ganz besondere Leistungen auf bestimmten Gebieten erzielen, während andere versagen. Diese erfolgreichen Menschen nahmen sie sich als Modelle und analysierten die Muster, die sie benutzen, um die von ihnen gewünschten Ziele zu erreichen. Berühmt geworden sind Grinder und Bandler vor allem durch das Modellieren von vier sehr faszinierenden Persönlichkeiten: Dr. Milton Erickson, dem wohl bedeutendsten Hypnotherapeuten der Welt. Virginia Satir, einer außergewöhnlichen Familientherapeutin. Fritz Perls, dem Vater der Gestalttherapie und Gregory Bateson, einem unglaublich intellektuellen und vielseitigen Philosophen und Anthropologen. Nachdem sie die Muster dieser Meister der Kommunikation erkannt hatten, begannen sie diese in Workshops und Seminaren an Studenten weiterzugeben und weiterzuentwickeln. Inzwischen hat sich NLP über die gesamte Welt verbreitet und wird

Guten Morgen Mr. Blackout

Es gibt Tage, die sollte man aus dem Kalender streichen, an denen geht wirklich alles schief. Das muss man sich mal vorstellen! Ich bin noch keine zwei Minuten wach, da bemerke ich, dass ich im falschen Bett liege. Ich sehe mich um und erkenne absolut gar nichts wieder. Langsam kommen die Lebensgeister zurück und mir fällt ein, dass wir ja gestern feiern waren.

Ich liege also da, in dieser absolut hässlichen, pinken Satin Bettwäsche und überlege angestrengt, was in der gestrigen Nacht passiert ist (und vor allem: in wessen Bett!), während ich angestrengt - bei so viel Kopfweh ist das wirklich nicht so einfach - meine Kleidung zusammensuche und mir das Hirn zermartere, mit wem ich mir das Taxi geteilt habe. Oder warte mal, hatte ich überhaupt genug Geld für ein Taxi bei mir? Ich hatte doch nur meine Kreditkarte!? Zumindest habe ich es mit einem guten Menschen zu tun, großzügig. Ich bin gespannt.

Erst jetzt fällt mir auf, dass die Sache auch halb so schlimm sein könnte, immerhin liegt niemand neben mir, vielleicht war auch jemand so nett und hat mich mit sein Bett überlassen? Ja, das wäre mal was, das wird's sein! Noch keine zwei Wochen im Unternehmen und schon mit einer der Sekretärinnen geschlafen ... das würde sich nicht so gut machen. Oh Gott, wer war denn überhaupt mit? Himmel, nein! Also entweder Elsa vom Empfang, wie kann man nur Elsa heißen? Oder noch schlimmer, die Kleine vom Chef, also klein ist sie ja gar nicht, aber trotzdem die Freundin. Toll, echt toll gemacht, Tim! Aber naja, es besteht ja noch die winzige Möglichkeit, dass nichts passiert. Gar nichts!

Ich höre etwas, nette Stimme, Elsa ist es schon mal nicht, die hört sich an wie ein röhrender Elch, wenn sie spricht, da will ich gar nicht wissen, was passiert, wenn sie versucht zu singen!

Mittlerweile bin ich angezogen, gut, fast! Eine Socke fehlt, aber die hatte sowieso schon ein Loch, halb so schlimm. Um zumindest einen halbwegs guten Eindruck zu hinterlassen, mache ich noch schnell das Bett, die Gute soll ja nicht denken, ich wäre ein völliger Chaot, vielleicht wird ja noch was draus?! So, jetzt sollte ich langsam mal herausfinden, wer es ist ... Bitte, lass es nicht Anja sein, bitte, bitte!

in zahlreichen Bereichen wie Therapie, Beziehung, Verkauf, Sport und Erziehung angewendet. Einige Trainer, wie auch die Autoren dieses Buches, haben sich zum Ziel gesetzt, die Modelle des NLP im Sinne der Gründer weiterzuentwickeln und es mit neuen Möglichkeiten zu vernetzen. Als angewandte Kommunikation, wie NLP es ist, wird jedoch in Anfängerliteratur selten auf die nonverbale Kommunikation Rücksicht genommen. Diese Brücke soll mit dem vorliegenden Titel erstmals gebaut werden.

Bekommst du nicht das, was du willst, tu etwas anderes, bis du bekommst, was du willst! Du wirst dein Ziel, beispielsweise die Steigerung deines persönlichen Cha-

rismas durch Erlernen neuer nonverbaler Kommunikationsmethoden innerhalb der nächsten drei Monate erfolgreich erreichen. Gemäß dem Modell des NLP fragen wir uns zu Beginn einer Veränderung, wo wir aktuell stehen und was wir verändern wollen. Das Motto lautet hierbei: Tu das, was funktioniert. **Denn wenn du immer nur das tust, was du bisher getan hast, wirst du auch nur das bekommen, was du bisher bekommen hast.**

• Ziele wollen wohlgeformt formuliert werden!
Der trivial klingende Satz „Nur wer sein Ziel kennt, kann es erreichen" ist keineswegs selbstverständlich. Die meisten Menschen stecken sich ihre Ziele nicht bewusst, sie

Die Tür geht auf und ... verdammt wer ist das? Sie grinst mich breit an, ich hab also noch nichts falsch gemacht. Sie ist hübsch, lange blonde Haare, sie bringt mir Kaffee. Sollten wir miteinander geschlafen haben, war ich wohl gut! Mein Ego macht einen Riesensatz in die Höhe, hübsches Mädchen, ich hab zwar immer noch keine Ahnung, wie sie heißt, wo ich bin und was sonst noch so vorgefallen ist, aber eines wird mir schlagartig bewusst: es ist Montag!

Meine Präsentation steht an, wie blöd kann man sein? Bruchteile des gestrigen Abends kommen langsam wieder. Um zirka elf sind alle gegangen, um sich noch vorbereiten zu können, sie haben mir geraten, gleich mitzukommen - ich wollte noch nicht und dann kam diese nette Blondine und ... na, ich hab nicht gesagt, dass mein völliges Blackout schlagartig kuriert würde, mehr weiß ich im Moment wirklich

nicht. Sie steht immer noch da, ich weiß nicht, wie lang ich sie schon geistesabwesend angestarrt habe, ich hoffe, sie hält mich jetzt nicht für einen totalen Psychopathen, was sag ich nur? Immerhin ist es nicht die Freundin vom Chef, puh!

Sie kommt zu mir, langsam werde ich nervös, meine Hände werden ganz kalt und meine Beine beginnen zu zittern, nein, ich bin kein Weichei, ich hab nur einiges getrunken gestern Nacht! Sie steht direkt vor mir und haucht ein zartes „Guten Morgen" in mein rechtes Ohr, sie gibt mir einen Kuss auf die Stirn, warte mal, irgendwas läuft da falsch, - auf die Stirn? Was soll das denn jetzt? Kaffee, gute Laune, Gesumme, Hauchen ins Ohr und dann bekomm ich ein Bussi auf die Stirn? Haben wir doch nicht miteinander geschlafen? Ist der Kaffee nur eine Mitleidsgeste? Will sie mich loswerden? Bitte nicht! Jetzt fällt mir erst die Uhr auf dem Schreibtisch auf, es ist 9 Uhr 32! Obwohl ich mich

ein bisschen wundere, dass ich so früh wach bin, immerhin hab ich eine durchzechte Nacht hinter mir, kommt langsam Panik in mir hoch. In genau 58 Minuten habe ich mein Mitarbeitergespräch! Und dann noch mal eine Stunde später diese riesengroße wichtige Präsentation!

O.K., jetzt nur nicht ausflippen! Ja, das ist wesentlich leichter gesagt als getan. Mein Kopf ist wie leer gefegt, da steht eine unglaublich schöne Frau vor mir, ich weiß nicht einmal ihren Namen, geschweige denn, was ich diesmal für Mist gebaut habe und - ich muss weg! In meiner Not gebe ich ihr verlegen ein Bussi links, ein Bussi rechts und sage, dass ich einen wichtigen Termin habe. Sie verzieht ihr Gesicht und kräuselt ihre Lippen. Wahnsinn, ist dieses Mädchen schön! Ich fürchte, sie denkt, ich will mich aus dem Staub machen, wie man das ja aus sämtlichen Frauenzeitschriften kennt.

Einleitung

haben meistens nur gute Vorsätze oder Wünsche, welche in einer Art und Weise formuliert sind, die eine Erreichung schwer oder unmöglich macht. „Ich möchte nicht mehr rauchen" ist ein beliebter Vorsatz, besonders zu Neujahr, der jedoch von dem größten Teil der Raucher sehr schnell wieder aufgegeben wird.

Möchtest du ein Ziel wirklich erreichen, so ist es erstens wichtig, überhaupt eines zu haben und zweitens, dass es gehirngerecht formuliert ist. Wohlgeformte Ziele werden sehr viel wahrscheinlicher erreicht! Für eine gehirngerechte Formulierung kennen wir im NLP eine ganze Reihe von Kriterien, die so genannten „Wohlgeformtheits-"-Kriterien:

1. Positiv formuliert
2. Frei von Vergleichen
3. Konkret, präzise, bestimmtes Timing und Kontext
4. Realistisch
5. Einfach und überschaubar
6. Kurze Feedbackschleifen, messbar
7. Selbst kontrollierbar und initiierbar (in eigener Kontrolle)
8. Sinnesspezifisch repräsentiert
9. Konsequenzen beachtend (Ökologie Check)

$\mathcal{U}$bung: Ziele gehirngerecht formulieren

Was du dazu brauchst: Einen freien Kopf, solltest du nicht ins Buch schreiben wollen Stift und Papier.

Was zu tun ist: Suche dir drei Ziele, deren Erreichung dir wichtig sind. Formuliere jedes Ziel nach den Wohlgeformtheiskriterien und schreibe sie hier auf. Checke danach noch einmal ab, ob wirklich alle Kriterien optimal erfüllt sind.

Ein passendes Ziel zum Thema Körpersprache wäre beispielsweise: „Ich habe in drei Wochen meine Körpersprache positiv verändert und meine Wahrnehmung gesteigert. Das erkenne ich daran, dass ich ruhiger, selbstbewusster und gelassener auftrete und bewusst sowie unbewusst viel mehr Informationen sammle und positiv für mich und andere nutze."

1.
....
....
....
....

2.
....
....
....
....

3.
....
....
....
....

Reflexion: Wie fühlt es sich an, die eigenen Ziele schwarz auf weiß vor dir stehen zu haben? Hat sich etwas an der Art verändert wie du deine Ziele wahrnimmst?

Der Sinn dahinter: Erst ein niedergeschriebenes Ziel ist ein reales Ziel. Herzlichen Glückwunsch, du bist am besten Weg, das zu erreichen, was du dir vornimmst!

Grundannahmen

NLP erscheint vielen Einsteigern als ein Sammelsurium von Werkzeugen und Kommunikationsmitteln, die besonders gut funktionieren. Tatsächlich verbirgt sich hinter dem Schleier der Effizienz und machtvollen Wirkung eine eigene Philosophie, ja vielleicht sogar Lebenshaltung. Die zehn Axiome, also Vorannahmen, auf denen alle Theorien des NLP aufbauen, werden durch die folgenden vier Grundüberzeugungen getroffen:

NLP ist ausgerichtet auf
• Flexibilität im Denken und Handeln
• Zielorientierung und –realisierung
• Sinnesschärfe für Selbst- und Fremdwahrnehmung
• Das klare Bewusstsein der Eigenverantwortlichkeit

Diese Prinzipien führen zu den bereits angesprochenen zehn Axiomen, die hier kurz umrissen werden:

1. Axiom: Es gibt keinen Ersatz für offene und geschärfte Sinneskanäle
Nur genaue Beobachter können auch gute Kommunikatoren sein. Die Schärfung aller Sinneskanäle betrifft hier nicht nur die Richtung nach außen, sondern auch nach innen, auf die eigenen internen Denkprozesse.

2. Axiom: Körper und Geist bilden eine Einheit und beeinflussen einander
Unser Körper- und Gemütszustand wird von unserem Geist beeinflusst. Genauso wie unsere Physiologie unsere Emotionen und unsere Denkprozesse beeinflusst.

3. Axiom: Die Bedeutung der Kommunikation liegt in der Reaktion, die du erhältst
Nur der Sender einer Botschaft ist verantwortlich dafür, dass sie auch so beim Empfänger ankommt, wie sie gemeint ist.

4. Axiom: Wenn das, was du tust, nicht funktioniert, tu etwas anderes
Je mehr Möglichkeiten du hast, je flexibler du in neuen Situationen handeln kannst, desto höher ist die Wahrscheinlichkeit, dass du erfolgreich bist.

5. Axiom: Es gibt keine Fehler, nur Feedback. Fehler sind eine Möglichkeit, um zu lernen
Fasst du Fehler nicht als Rückschläge sondern als Rückmeldungen auf, aus denen du neue Erkenntnisse ziehen kannst, wird aus dem anfänglichen Fehler plötzlich nutzbare, wertvolle Information.

6. Axiom: Die Landkarte ist nicht das Gebiet
Jeder Mensch nimmt die Welt anders wahr, gemäß seinen bisherigen Erfahrungen, den Filtern, mit denen er Informationen selektiert und konstruiert, sozusagen seine eigene Landkarte der Welt. Diese Landkarte ist jedoch nicht das tatsächliche Gebiet, also die Realität, da jeder Mensch seine eigene selektive Wahrnehmung hat und danach handelt.

7. Axiom: Jeder Mensch trägt alle notwendigen Ressourcen, um seine Ziele

erreichen, bereits in sich

Emotionale Ressourcen wie Selbstbewusstsein, Glück, innere Kraft, Empathie und Genauigkeit hast du bestimmt schon erlebt. Mit NLP ist es dir möglich, diese Gefühle, wann immer du möchtest, abzurufen und damit nutzbar zu machen.

8. Axiom: Der Mensch ist ein Wesen, das Bedeutung erzeugt

Alles, was um dich herum geschieht, wird von deinem Gehirn automatisch mit Bedeutung belegt. Manchmal kann es passieren, dass Sinn und Bedeutung erfunden werden, obwohl diese nicht existieren.

9. Axiom: Jedes Verhalten hat eine positive Absicht und ist von positivem Wert

Jeder Mensch handelt in der für sich in diesem Moment bestmöglichen Art und Weise. Auch wenn anderen aus ihrer Weltperspektive diese Handlung negativ erscheint, so ist sie in jenem Moment für den anderen positiv, womöglich weil er nicht genug Handlungsalternativen kennt und ihm deshalb die Möglichkeiten fehlen. Dies ist ein Denkanstoß, sich in die Welt des anderen zu versetzen.

10. Axiom: Das Verhalten eines Menschen ist nicht seine Persönlichkeit

Im NLP wird Motivation, der Grund für ein Verhalten oder der Charakter selbst, getrennt vom Prozess, also der Handlung wahrgenommen. Es ist möglich, jeden Menschen für das zu akzeptieren, was er ist.

Übung: Schärfe deine Sinne 2

Was du dazu brauchst: Führe diese Übung mit einem Menschen durch, zu dem du Vertrauen hast. Du brauchst lediglich ein bisschen Platz.

Was zu tun ist: Gehe mit geschlossenen Augen auf den ausgestreckten Finger deines Übungspartners zu. Ziel ist es, den Finger mit deiner Nasenspitze zu berühren. Wiederhole diese Übung so lange, bis du den Finger möglichst exakt triffst.

Reflexion: Wie hat es sich angefühlt, der Person immer näher zu kommen, auf welche Art und Weise hast du wahrgenommen, dass du am Ziel angelangt bist? Hast du eine bestimmte Strategie entwickelt, um herauszufinden, wie du diese Übung am besten löst? (z.B.: Schritte zählen,...)

Der Sinn dahinter: Erfahre, welche Strategien dir in ungewohnten Situationen zur Verfügung stehen.

Was denkt sie nur? Erst Sex und dann verschwindet der Kerl, da gibt's nichts zum komisch Dreinschauen! Jeder Mann, der was auf sich hält, liest solche Schundblätter, immerhin kann man da lernen, wie man(n) es richtig bzw. nicht machen sollte!
Himmel, was rechtfertige ich mich überhaupt, ich mag das Zeug halt. Ist doch in Ordnung, zu meiner Verteidigung muss ich sagen, dass ich auch den Playboy abonniert habe, so und jetzt Schluss, weiß ja keiner. In der Eile vergesse ich sie nach ihrem Namen zu fragen, ich rufe, noch während ich mir die Schuhe anziehe, dass ich sie anrufe und fege zur Tür hinaus. Ich mache noch einmal am Absatz kehrt und läute verzweifelt an der Tür, hoffentlich hab ich die richtige erwischt! Etwas verwirrt öffnet sie die Türe, in ihrem langen weißen Hemd, ich hatte vorher gar nicht bemerkt, dass sie nackte Beine hat, Wahnsinn! Sie legt den Kopf schief und fragt mich etwas gereizt, was noch sei. Ich drücke ihr meine Karte in die Hand und stammle noch etwas Unverständliches, was heißen soll, dass ich mich freuen würde, wenn sie sich meldet oder so, aber das ist sowieso egal, weil sie es vermutlich nicht verstanden hat.

Lächeln

Dein Lächeln ist dein größtes Kapital, das wissen unsere Kinder schon, ohne dass wir es ihnen je gesagt haben. Gerade in der heutigen Zeit, in der wir einer kontinuierlichen medialen Beschallung ausgesetzt sind, sind wir von jedem gut gemachten Werbeplakat mit einladenden, breit strahlenden Gesichtern umgeben. Entgegen diesem Trend ist es jedoch „normal", dass die Gesichter der Menschen auf den Straßen das Gegenteil aussagen: Frust und Trostlosigkeit machen sich in der Mimik der meisten bemerkbar.

Die Fähigkeit, über das eigene Leben genauso bewusst und selbstbestimmt zu entscheiden wie über das eigene Lächeln, ist einer der Hauptantriebe des NLP und ebenso wie es auf einer rationalen Meta-Ebene Möglichkeiten bietet, den emotionalen (Ressourcen-) Zustand selbst zu kontrollieren, verhilft oft die Veränderung der Physiologie, also des unmittelbaren Körperzustandes und der Körperhaltung, zu einer sofortigen Verbesserung des aktuellen Zustands.

Mit der Meta-Ebene ist der Blick von außen auf das Geschehen gemeint, die Kommunikation über Kommunikation. In der Meta-Position bist du dann, wenn du dissoziiert (nicht aus deinen eigenen Augen, sondern von „außen", vergleichbar mit einem Film, der vor dir abläuft) auf eine Situation blicken kannst und reflektierst. Dies ist ein Phänomen, das besonders den so schön betitelten „Body Workern" bekannt ist, also den Physiotherapeuten, Masseuren, Cranio-Sacral-Therapeuten und Kinesiologen.

Nirgendwo am menschlichen Körper finden sich auf so engem Raum so viele verschiedene Muskeln wie im Gesicht. Kein anderer Gesichtsausdruck beansprucht so viele Muskeln wie dein Lachen! Bei diesem Prozess werden dementsprechend viele Endorphine freigesetzt, der Kreislauf angeregt und der Gemütszustand bessert sich augenblicklich. Einzige Voraussetzung: Das Lachen ist ehrlich. Dies ist einfach und schnell erkennbar, wenn du darauf achtest, ob die Augen „mitlachen".

Lachfalten bilden sich um die Augen, die sich schlitzartig zusammenziehen, die Mundwinkel spitzen sich zu, oft wird der Kopf schief gelegt oder nach hinten geworfen und gegebenenfalls werden sogar die Zähne gezeigt (meist nur die obere Zahnreihe). Durch die verstärkte Muskelbeanspruchung schießt Blut ins Gesicht, die Backen werden rot und die gesamte Ausstrahlung, die Energie, die gesendet wird, öffnet sich und schwingt über die Augen in warmen Tönen mit.

Bei einem unehrlichen Lachen hingegen bleiben die Augen kühl, es sind keine oder nur wenig Lachfalten erkennbar, meist bleiben die Augenlider weit geöffnet und ausdruckslos. Die Lippen können sich verziehen, um eine Bestätigung vorzutäuschen, enden aber meist leicht zugespitzt und wenig zustimmend.

Selten werden Zähne gezeigt und falls doch, dann nur wenige der oberen, vorderen Zahnreihe. Es kann auch sein, dass der unehrliche Lacher unnatürlich viele Zähne zur Schau stellt, die obere und die untere Zahnreihe sind in diesem Fall zu sehen.

Dein Lächeln sollte natürlich zu deiner Stimmung passen, das bedeutet: kongruent sein mit deinen Emotionen. **Kongruenz** ist dann gegeben, wenn das, was wir tun, zu dem passt, was wir ausdrücken wollen, sagen oder meinen. Kongruenz ist die Übereinstimmung, die Deckungsgleichheit dessen, was in dir vorgeht, und dem, was du nach außen trägst. Das heißt, du empfindest das, was du sagst und auch durch deine Körpersprache ausdrückst, alle Kanäle, die dir zur Verfügung stehen, senden dieselbe Botschaft. Dein Verhalten kann aber nur dann kongruent sein, wenn du dir auch darüber bewusst bist, was wirklich in dir vorgeht.

Beispiel für Inkongruenz:
„Ich liebe dich von ganzem Herzen!" Körper weggedreht, trauriger Gesichtsausdruck

Beispiel für Kongruenz:
„Ich liebe dich von ganzem Herzen!" Körper zugewandt, strahlendes Gesicht

Inkongruente Aussagen werden mit sehr viel Skepsis aufgenommen, man spürt, „dass etwas nicht stimmt" und nimmt das Gesagte nicht ernst. Oft ist das der Fall, wenn du jemandem etwas einfach nicht „abkaufen" kannst. Wenn dir bei dir selbst Inkongruente Verhaltensweisen auffallen, hinterfrage, ob du dir sicher bist, dass du meinst, was du gerade sagst. Die Wichtigkeit dieses Begriffes wird dir im Kapitel „spiegeln" klar werden.

Kongruent zu sein bedeutet echt zu sein, und das ist es auch, was du ausstrahlst, wenn du diese Punkte beachtest. Du wirst ernst genommen, weil dir geglaubt wird.

*Ü*bung: Lachen ist gesund

Was du dazu brauchst: Dich selbst und ein bisschen Mut.

Was zu tun ist: Schenke jedem Menschen, dem du heute begegnest, ein Lächeln (ein ehrliches! Die Augen lachen mit!). Versüße deinen Mitmenschen den Tag, indem du freundlich bist, du wirst sehen, genau das kommt auch zurück. Lächle heute alle an die in den Genuss kommen, dir über den Weg zu laufen. Wenn du möchtest, kannst du auch ein Punktesystem einführen. Einmal lächeln ist ein Punkt, wird zurückgelächelt ein weiterer, kommst du sogar mit der Person ins Gespräch, machst du sagenhafte 5 Punkte! Zieh das Ganze so lange durch, bis du mindestens 20 Punkte gesammelt hast. Du wirst sehen, diese positive Art macht das Leben um einiges schöner!

Reflexion: Wie reagieren die Menschen auf dich, ändert sich etwas in deiner Wahrnehmung? Wie fühlt es sich an, so positiv durch die Welt zu gehen?

Der Sinn dahinter: Wie du in den Wald hineinrufst, so hallt es auch zurück. Werde dir darüber bewusst, wie du wirkst und wieso deine Mitmenschen auf dich reagieren, wie sie es tun.

Augen

Die Augen sind der Spiegel, das Tor zur Seele, so sagt schon ein altes Sprichwort. Tatsächlich sind sie noch viel mehr als das. Kein anderer Muskel im menschlichen Körper wird so oft benutzt wie unsere Augenmuskulatur. Die Augen beherbergen auch die einzigen Muskeln im Körper, welche sich nicht bewusst kontrollieren lassen. Das ist einer der Gründe, wieso viele Pokerspieler eine Sonnenbrille tragen, sie verstecken das Einzige, was sie verraten könnte.

Über unsere Augenmuskulatur, die direkt mit dem präfrontalen Cortex verbunden ist, rufen wir Erinnerungen und Informationen ab und stellen uns Zukünftiges vor. Dies ist die einzige Gehirnregion des Neocortex, die direkt mit dem Hypothalamus (zuständig für die Hormonausschüttung) vernetzt ist. Der präfrontale Cortex ist daher in einer herausragenden Position, um Informationen aus allen sensorischen und motorischen Modalitäten zu synthetisieren. Die Augen lassen uns somit Bilder, Töne, Gefühle und Gedanken abrufen und bewegen sich je nach Gedankengang - auch in eine andere Blickrichtung.

Das kennen wir aus der REM (Rapid Eye Movement) Phase im entspannten Schlafzustand, wenn sich die Augen unter dem Lid sehr schnell hin und her bewegen. Früher dachten wir, der Mensch würde den Bildern im Traum „hinterher sehen". Heute ist klar, dass dadurch Informationen abgerufen werden. Das erklärt auch, dass blinde Menschen, die nie in ihrem Leben Augenlicht hatten, dennoch während des Denkprozesses ständig ihre Augen bewegen – oftmals stärker als Sehende, da sie nie lernen mussten, ihre Augen zu kontrollieren.

In Wahrheit werden vor allem in der westlichen Welt Menschen schon von klein auf darin geschult, möglichst lange Blickkontakt zu halten. Das Absenken der Augen oder überhaupt Abgleiten von dem Blick des Gegenübers wird oftmals als Zeichen der Schwäche oder stillschweigender Kapitulation und Unterwürfigkeit gewertet. Dies ist jedoch eine kurzsichtige Bewertung, die kulturelle Hintergründe hat und keine anatomischen. Der gesenkte Blick im Osten ist hingegen Zeichen von Respekt, ein direkter Augenkontakt wird als Angriff verstanden.

Diese Augenbewegungen sind in der Literatur als lateral eye movements bekannt, im NLP werden sie als Zugangshinweise der Augen bezeichnet. Es gibt eine angeborene neurologische Verbindung zwischen Augenbewegungen und den Repräsentationssystemen, denn dieselben Muster treten weltweit auf. Was wird nun genau durch unsere Augenbewegungen abgerufen? Wir unterscheiden hier vorerst grob anhand der Blickrichtung nach oben und nach unten. Wandern die Augen nach oben,

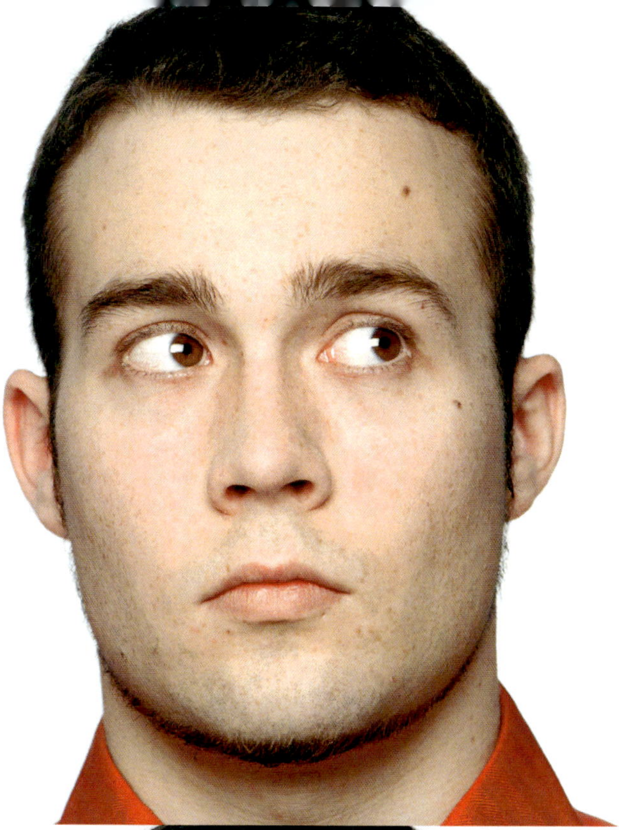

B

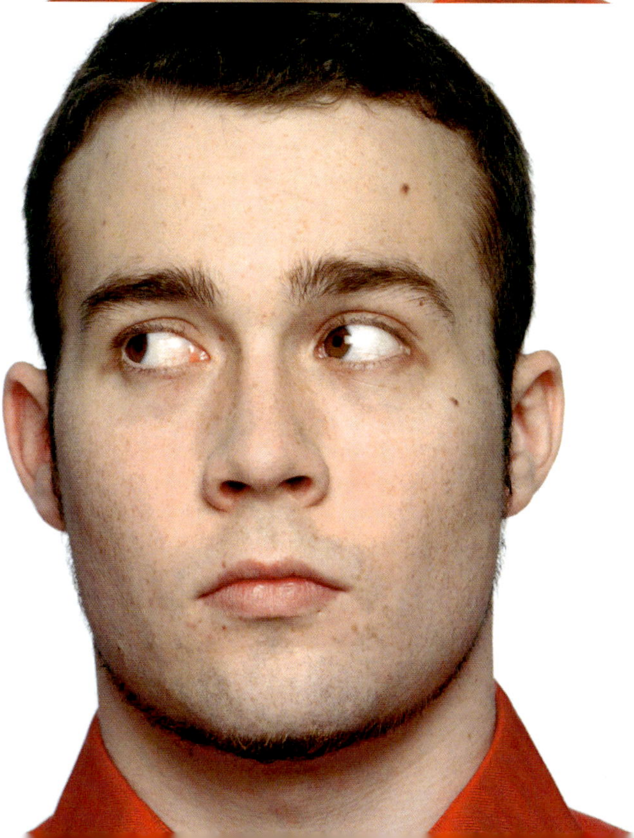

visualisiert dein Gegenüber gerade, also ruft ein Bild im Kopf ab. Gehen die Augen nach unten, wird entweder „in sich hineingefühlt" oder ein innerer Dialog geführt, zum Beispiel wenn wir mit unserer inneren Stimme abklären, ob uns ein bestimmtes Angebot gefällt. Wichtig zu beachten ist hierbei, dass die Augen sich während des Denkprozesses bewegen und nicht während der verbalen Antwort auf eine Frage – die Information muss natürlich abgerufen werden, bevor geantwortet wird. Bleiben die Augen in einer mittigen Position, werden oft auditive Kanäle abgerufen, also ein Geräusch oder Töne.

Der Rahmen, in dem diese Blickrichtungen stattfinden, kann je nach Mensch unterschiedlich gelagert sein. Manch einer wird sehr oft über seinem Kopf Bilder abrufen und wenn in sich hineingefühlt wird, verbleibt der Blick eher mittig. Bei manchen ist der Rahmen eher nach schräg links unten versetzt. Kommunikation ist immer dynamisch und ebenso sind es die Modelle des NLP. Grob zusammengefasst lässt sich jedoch sagen, dass für den Großteil der Menschen der hier vorgestellte Rahmen zutrifft.

Die nächste wichtige Unterscheidung findet in der Hemisphäre statt, ob der Blick nach links oder rechts wandert. Wenn du dein Gegenüber vor dir hast, ist von dir aus gesehen rechts die Erinnerung deines Gesprächspartners und links die Vorstellung. Dies ist anhand der Bilder sehr deutlich zu erkennen. Behalte im Hinterkopf, dass du in die Blickrichtung nicht zu viel hineininterpretieren solltest

(wichtige Beziehungsentscheidungen sollten natürlich nicht auf der Annahme einer Lüge, die du anhand einer Augenbewegung meinst feststellen zu können, getroffen werden).

Deshalb ist es auch wichtig, immer zu überprüfen, ob und in welcher Form dieses Modell sich in Bezug auf dein Gegenüber als richtig erweist. Um Gewissheit darüber zu erlangen, ob und welches Modell dieser als Augenzugangshinweise bekannten Blickrichtungen bei deinem Gegenüber zutrifft, solltest du zu Beginn des Gespräches für dich bewusst Kontrollfragen einbauen. Beachte: bei Linkshändern ist die Blickrichtung oft spiegelverkehrt.

A Stehst du vor deinem Gegenüber und der Blick wandert bei ihm nach rechts oben, wird ein Bild aus der Erinnerung abgerufen.

B Links oben wird ein Bild imaginiert, also eine Vorstellung kreiert.

C Ihr Blick nach links unten zeigt dir, dass sie im inneren Dialog ist. Die Aufmerksamkeit ist jetzt eingeschränkt und du könntest einen Moment pausieren, bevor du weitersprichst.

D Wandern die Augen nach rechts unten, sind wir meistens im Gefühl.

E Links in der Mitte wird ein Geräusch, Ton oder eine Stimme auditiv imaginiert.

F Gehen die Augen zur rechten Mitte, wird eine gehörte Erinnerung abgerufen.

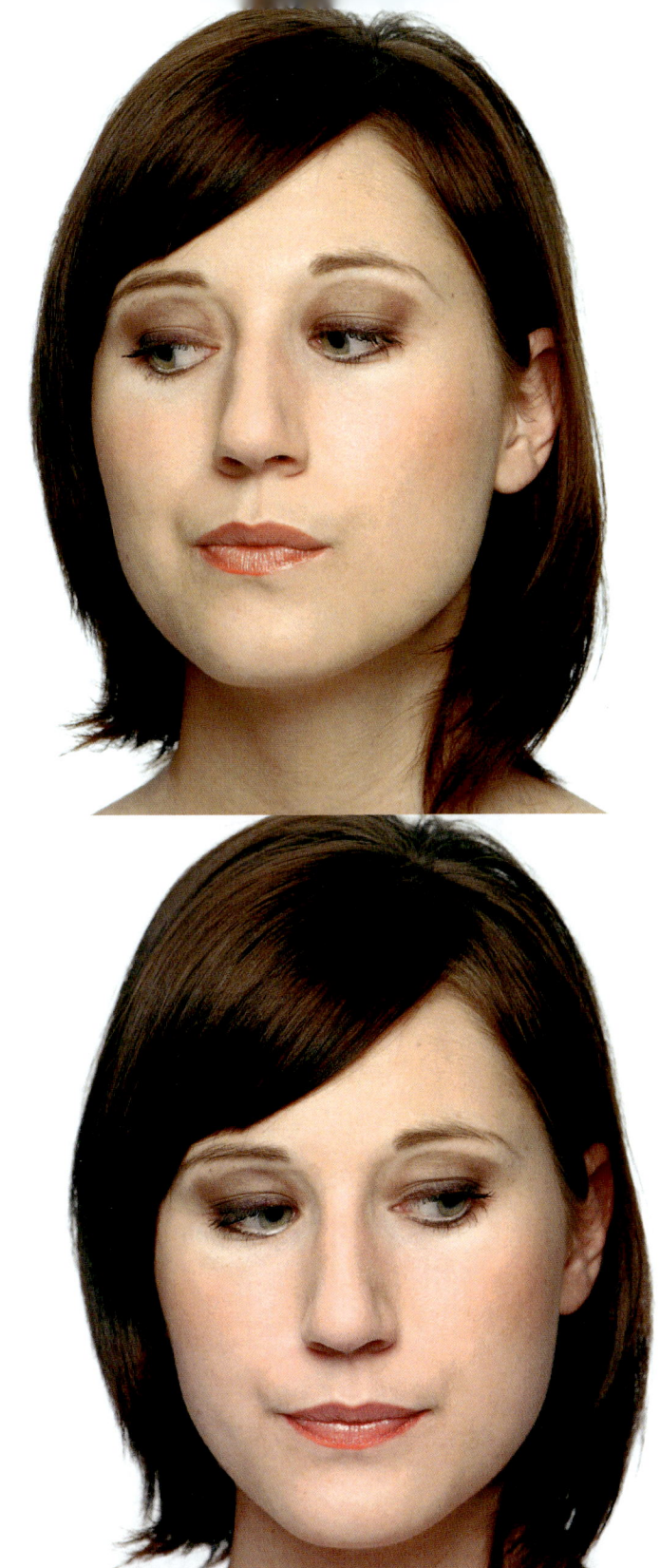

b

E

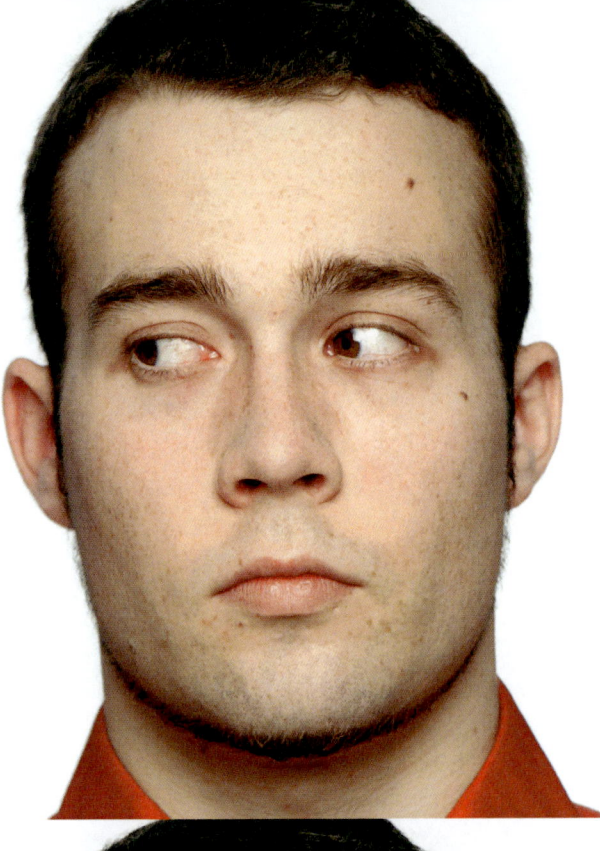

F

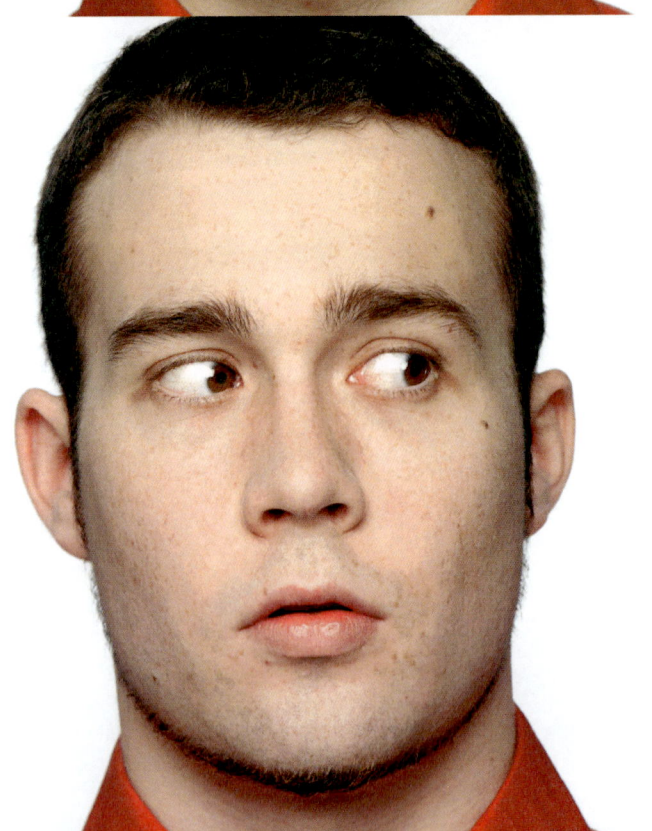

$\mathcal{Ü}$bung: Augenbewegungen

Was du dazu brauchst: einen Partner und Konzentration

Was zu tun ist: Kreuze an, in welche Richtung der Blick deines Gegenübers bei den Folgenden Fragen geht. Achtung: die Augen bewegen sich während des Denkprozesses, nicht während der Antwort! Der Befragte konzentriert sich rein auf die Fragen, der Fragende auf die Augenbewegungen.

	↖	↗	→	←	↙	↘
Wann hast Du Biene Maja das letzte Mal im Fernsehen gesehen?						
Wie hoch ist das Haus, in dem Du wohnst?						
Wie buchstabierst Du Deinen Vornamen rückwärts?						
Wie siehst Du aus, wenn Du auf der Couch sitzt?						
Wie klingt der Ton, wenn die Telefonleitung besetzt ist?						
Wie wäre das, wenn Dein Chef plötzlich mit der Stimme von Mickey-Maus sprechen wurde?						
Welche Art von Musik ist Dir am liebsten?						
Denke an Dein Lieblingslied, wie es mit doppelter Geschwindigkeit abgespielt wird.						
Höre Dich selbst einem Freund die Zutaten zu Deinem Lieblingsrezept geben.						
Was sagst Du zu Dir selbst, wenn etwas schief läuft?						
Singe im Stillen ein Kinderlied.						
Wie fühlt sich ein Wollpullover an?						
Wie ist es, wenn Du einen Fuß in kaltes Wasser steckst?						
Wie fühlst Du Dich nach einem guten Essen?						

Reflexion: Konntest du eine generelle Tendenz feststellen, in welche Richtung die Augen sich bewegen?

Der Sinn dahinter: Nimm in Zukunft die Bewegungen der Augen klarer wahr. Vielleicht kannst du sie dir zu Nutze machen und dieses Wissen, auf die eine oder andere Art einsetzen.

Bei einem alltäglichen Gespräch ist es völlig normal, dass der Blick immer wieder zwischen Erinnerung und Konstruktion springt, da wir mehrere Sinneskanäle abrufen und Erlebtes erinnern, um es dann neu zu formulieren (es ist vielleicht sogar schon intern als Bild entstanden).

Erst nach oder während der Verknüpfung dieser Informationen wird die Antwort gegeben. Um diese Erkenntnis sinnvoll einzusetzen, ist es hilfreich, am Anfang eines Gespräches Fragen zu stellen, die auf bestimmte Sinneskanäle verweisen, um somit zu testen, welche Augenzugänge besonders stark ausgeprägt sind.

Über diese Zusatzinformation in der Kommunikation, die auf die Repräsentationssysteme hindeuten, in denen der andere denkt, lässt sich nun individueller auf den Gesprächspartner eingehen. Wir können dadurch „in der Sprache des anderen" sprechen.

Ein visueller Typ wird dich besser verstehen, wenn du in möglichst bunten und lebendigen Bildern zu ihm sprichst. Auditive Typen hören gerne klingende Begriffe. Menschen, die stark im Gefühl leben, brauchen Gewissheit darüber, ob sich alles Gesagte auch passend anfühlt.

Auf der nächsten Seite einige Beispiele für Worte, die auch in der Sprache für diese Sinneskanäle oft benutzt werden. Diese kannst du je nach Gesprächspartner mehr oder weniger einsetzen, um mit noch mehr Wirkung zu kommunizieren.

In Filmen und besonders der Werbung werden diese Erkenntnisse bewusst eingesetzt. Einerseits, um damit möglichst viele Menschen zu erreichen, andererseits, da die vielfältige Abwechslung im Ansprechen der unterschiedlichen Sinneskanäle eine Sog-Wirkung in sich trägt, die jeden Menschen in die Geschichte hineinsaugt.

Das ist das Geheimnis guter Erzähler und erfolgreicher Bücher. Je mehr Sinneskanäle du ansprichst, desto besser kannst du andere Menschen in deinem Gespräch einfangen. Baue deshalb in jedem Absatz immer wieder eingestreut unterschiedliche Begriffe ein, gerade so, dass es in den Kontext passt.

Willst du dein Gegenüber zu bestimmten Gedanken hinführen, dann ist deine Gestik so einsetzbar, dass du die Augen durch Handbewegungen unbewusst in die richtige Richtung lenkst.

Speziell was das Erleben von Zeit, Raum und Größe angeht, werden dazu im Kapitel „Präsentieren" mehr Techniken vorgestellt.

VISUELL (SEHEN)	AUDITIV (SPRECHEN, HÖREN, GERÄUSCHE)	KINÄSTHETISCH (FÜHLEN, MACHEN)
erscheinen	artikulieren	befallen
klar sehen	laut	beladen
Vorsicht	diskutieren	konkret
Fokus	schwatzen	emotional
Glanz	hören	Grundlage
Aussehen	sich fragen	Griff
anzeigen	Interview	hasten
beobachten	zuhören	halten
offensichtlich	erwähnen	bewegen
ansehen	Krach/Lärm	Druck
bilden	bemerken	drehen/wenden
sehen	klingeln	solide
zeigen	sagen	Spannung
betrachten	Geräusch	berühren
zuschauen	erzählen	verrücken

OLFAKTORISCH/ GUSTATORISCH	UNBESTIMMT
aromatisch	aktivieren
dunstig	erwägen
muffig	kreieren
riechen nach	entscheiden
verrottet	entwickeln
stinken	funktionieren
riechen	wissen
süß	managen
Beigeschmack	motivieren
schmackhaft	organisieren
delikat	planen
mild	vorbereiten
scharf	denken

Augen

Werden die Augen hingegen bewusst von ihrem normalen Bewegungsmuster abgehalten, zum Beispiel indem ein Gegenstand fixiert wird, ist der Zugang zu den Informationen gesperrt und durch diese Einschränkung der Reaktionsfähigkeit eine hypnotische Wirkung gegeben.

In diesen Momenten der Ablenkung ist eine erhöhte Suggestibilität (leichte Beeinflussbarkeit durch anderen) beim Gegenüber feststellbar, in denen besondere Reizwörter wie „hier unterschreiben" oder „einfach ausprobieren" eingebettet werden können.

Unter einer Suggestion versteht man das Beeinflussen von Gefühlen, Gedankengängen und Handlungen durch Worte oder Glaubenssätze. Suggestionen werden bewusst nicht wahr genommen. Die Suggestibilität ist die Bereitschaft des Einzelnen, eine Suggestion auf- und anzunehmen. Eine Tablette mit Placebo Effekt ist beispielsweise eine Suggestion.

Durch den Glauben daran, dass eine Krankheit durch das Schlucken bestimmter Pillen geheilt werden kann, reagiert der Körper auch in dieser Form – er heilt sich selbst, ausschließlich durch das vermeintliche Wissen, dass die Medizin ihm hilft.

Um diese Ablenkung herbeizuführen, genügt eine bewusste Gestikulation mit pointierter Richtung und die Wahrnehmung, diesen Moment der leichten Trance zu erkennen. Diese Technik wird sehr häufig in der Gesprächshypnose eingesetzt, das Phänomen ist jedoch auch aus Sport und Medien bekannt. Wie anders wäre es sonst möglich, dass tausende Menschen einem einzigen Ball bei Tennis, Fußball, Baseball und vielen weiteren Sportarten hinterhersehen, wenn dies nicht auch einen bestimmten hypnotischen Effekt in sich bergen würde?

Auch bei den Geschlechtern gibt es Unterschiede. Während Männer evolutionär bedingt einen „Tunnelblick" entwickelt haben, ist das periphere (weiträumige) Sehen bei Frauen stärker ausgeprägt.

Dies ist auch logisch, da Männer auf der Jagd ein klares Ziel im Auge behalten mussten, während Frauen ständig die Kleinkinder und den Höhleneingang im Augenwinkel hatten.

Dieses erweiterte periphere Sehen führt im geschäftlichen Alltag häufig zu Missinterpretationen. Männliche Manager sind beispielsweise darin geschult, beständig Augenkontakt zu halten, in derselben Situation wäre es für viele Frauen angenehmer, nebeneinander zu sitzen und der Blickrichtung freien Lauf zu lassen.

Doch auch Männer müssen Informationen abrufen und so ist es oft nicht verwunderlich, wenn ein Manager, der konstant mit seinem Gegenüber Augenkontakt hält, anstatt seiner Augen den Kopf zu allen Seiten und immer wieder abwechselnd hinauf und hinunter bewegt, um auf die Informationen, die er benötigt, zugreifen zu können.

Anstelle der Augen bewegt sich hier der

gesamte Kopf, nur um den Blick nicht abwenden zu müssen. Was nun mehr an Statusverlust bedeutet, also entweder die Augen kurz zur Seite wandern zu lassen oder ständig unkontrolliert mit dem Kopf zu wackeln, sei dahingestellt.

Interessante kulturelle Unterschiede finden sich beispielsweise in den asiatischen Ländern, wo von oben nach unten geschrieben wird. Die Menschen lesen also „ins Gefühl hinein", während arabische Länder von rechts nach links lesen. Da von dir aus gesehen links die gefühlte Vergangenheit liegt, ist also deutlich erkennbar, wieso auch die kulturelle Glaubensstruktur stärker mit Traditionen verknüpft ist als bei uns im Westen, wo „in die Zukunft" gelesen wird.

Eine nette Anekdote ist auch der oft gehörte Sager von Lehrern, die Schüler, die vergeblich nach einer Antwort suchen und deren Blick deshalb während des inneren Dialogs nach unten wandert, folgenden Satz hören lassen: „Dort unten wirst du die Antwort nicht finden!" Ganz richtig, denn meist ist erst mit Abruf der Informationen als Bild, Ton oder Gefühl eine vollständige Antwort möglich.

Der Vollständigkeit halber ist anzumerken, dass es neben den oben genannten drei Repräsentationssystemen noch Gerüche und Geschmäcker gibt, die als zusätzliche Information abgespeichert sein können.

Da diese Typen jedoch eher wenig verbreitet sind, gehen wir auf diese hier nicht näher ein, da der vorliegende Buchtitel speziell die Körpersprache behandelt.

$\mathcal{U}$bung: Repräsentationsmodelle

Was du dazu brauchst: Einen Übungspartner, mit dem du dich gut unterhalten kannst.

Was zu tun ist: Erzähle deinem Übungspartner eine (wahre) Geschichte aus deinem Leben. Formuliere positiv und sprich emotional.

Der andere schreibt mit, welche Worte du häufig verwendest, die auf ein bestimmtes Repräsentationsmodell schließen lassen.

Im Anschluss lass dir das Resultat zeigen, so erfährst du, welches deiner Repräsentationsmodelle du bevorzugst.

Wenn ihr das getan habt, erzählst du die gleiche Geschichte noch einmal, diesmal baust du alle anderen Repräsentationsmodelle ein. Danach tauscht ihr die Rollen.

Reflexion: Welche Sinne sprichst du bei deinem Gegenüber an, wie denkst du selbst? Ist es dir leicht gefallen, in ein anderes Repräsentationsmodell zu wechseln?

Der Sinn dahinter: Je mehr Sinne du ansprichst, desto interessanter ist deine Erzählung. Du erreichst mehr Menschen, wenn du es beherrschst, alle Repräsentationsmodelle in deine Sprache zu integrieren.

Nervosität

Nervosität zeigt sich in der Körpersprache vor allem durch die Körperspannung. Diese entsteht meist unbewusst, die Physiologie wird also geleitet vom aktuellen Denkzustand, davon, wie du empfindest. Wenn dir das bewusst ist, kannst du selbst entscheiden, wie du dich fühlst. Der emotionale Prozess, der in diesem Fall dazu führt, dass Menschen sich selbst in ihren Handlungsalternativen eingrenzen, kann verschiedenste Ursachen haben.

A Nervosität zeigt sich in der Körperspannung. Weitere Hinweise sind ein gesenkter, unruhiger Blick, der auf einen inneren Dialog hindeutet, das Abgrenzen von außen durch die versperrte Körperhaltung hier mit den verspreizten Fingern (durch formen eines „Gatters") und schnelle, unruhige und inkongruente Bewegungen.

B, C + D Ablenkung durch Lippen- oder Fingernägelkauen, das beiläufige Spielen mit Gegenständen oder Ähnlichem. Häufige Blicksprünge deuten einen Konflikt in der Handlungsmöglichkeit an: „Was werde ich tun?" steht im Gegensatz zu „Was habe ich bereits in ähnlichen Momenten getan?"

Trainiere deine Fähigkeit, Dinge klar und mit geschärften Sinnen wahrzunehmen. Wenn du Details eines Prozesses und dessen ausschlaggebende Elemente, die Erfolg oder Scheitern bestimmen, erkennst, fällt es dir leicht, diese auch selbst in dein Verhalten zu integrieren.

Um einen lösungsorientierten Ansatz zu verfolgen, also beispielsweise die Handlungsalternativen in einer emotional einschränkenden Situation zu erweitern, empfiehlt sich die direkte und kontinuierliche Selbstreflektion.

Diese setzt sich zusammen aus Bewusstmachung der aktuellen Situation und darauf aufbauender Bestimmung von jetzigem Ist- und erwünschtem Soll-Zustand. Dabei bedienen wir uns des T.O.T.E. Modells, einem Modell aus der Kybernetik, das Miller, Galanter und Pribram entwickelt haben: Test, Operate, Test, Exit.

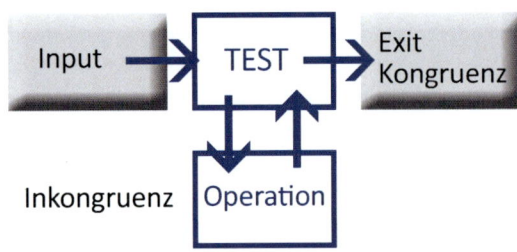

Dieses Modell hilft im Kontext der Körpersprache besonders dabei, eine gesteigerte Wahrnehmung sich selbst und anderen betreffend zu entwickeln. Um eine wirkungsvolle Kommunikation zu führen, ist die vorherige Feinkalibrierung der eigenen Ausstrahlung wichtig. Die Kalibrierung ist die Feineinstellung, mit der du dich auf dein Gegenüber abstimmst.
Dich auf jemanden zu kalibrieren, bedeutet nichts anderes, als dich auf dein

C

D

Gegenüber und die neue Situation einzustellen – in der Art des anderen zu sprechen, zu denken, also all die nonverbalen Signale, die er aussendet, zu erkennen und dadurch die Möglichkeit zu haben, diese zu spiegeln.

Dazu gehört auch der Rapport, also die Sympathie, die zwischen euch besteht. Ebenso eine ähnliche Körperhaltung, Mimik, Gestik – sprecht ihr dieselbe (Körper-)Sprache? Du stellst dich auf nonverbale und auch verbale Signale ein, die dein Gesprächspartner dir sendet.

Die Kalibrierung erlaubt es dir, dich in den anderen einzufühlen, zu spüren, was er wahrnimmt und wie er zum Beispiel euer Zusammensein empfindet. Du musst dich auf jeden Menschen in jeder neuen Situation neu einstellen.

Das heißt: Kalibrierung begleitet dich durch dein ganzes Leben. Sie hilft dir, deine Umwelt besser zu verstehen.

$\mathcal{U}$bung: das T.O.T.E Modell

Was du dafür brauchst: Zeit und Ruhe

Was zu tun ist: Formuliere ein für dich klares Ziel, zum Beispiel in Bezug auf die Verbesserung deiner Körpersprache. Dieses setzen wir nun mittels des T.O.T.E. Modells um.

Nimm dir in den nächsten zwei Wochen vor jedem Gespräch, das du führst, sei es nun beruflich oder privat, die Zeit, einmal kräftig durchzuatmen und dich selbst kurz von außen zu betrachten.

• **Test:** Wie stehst du da, wie bewegst du dich? Welchen Eindruck vermittelst du deinem Gegenüber?

Verlasse dich dabei auf deine Intuition und überprüfe, ob der momentane Zustand die bestmöglichen Ressourcen bietet, um das bevorstehende Gespräch zu beginnen.

• **Operate:** Ist dem nicht so, verändere deine Körpersprache, bis du glaubst, einen Zustand erreicht zu haben, der deinen Erfordernissen gerecht wird.

• **Test:** Überprüfe danach nochmals, ob du nun den ressourcenreichsten Zustand erreicht hast.

• **End:** Ist dem so, dann beginne das Gespräch. Falls nicht, zurück zu Operate.

Reflexion: Wie hat es sich angefühlt, diese Übung zu machen? Was hat sich dadurch verändert?

Der Sinn dahinter: Dieses Modell wird besonders in den späteren Kapiteln vorausgesetzt, um schnell mit anderen Menschen **Rapport**, eine gemeinsame Basis des Vertrauens und der Sympathie, herzustellen.

E, F, G + H Der Blick nach oben

sucht nach Bildern und Gedanken, Sprünge von einer Seite zur anderen und unbewusst nervöse Gestik können Indikatoren für Nervosität sein. Das Sitzen auf der Kante deutet auf die starke Anspannung hin und kann als „auf dem Sprung sein" interpretiert werden.

E

F

Nervosität zeigt sich vor allem in Tiefstatus-Signalen. **Status** bezeichnet in der Improvisations- und Schauspielschule die Ausstrahlung, mehr noch den „sozialen Wert" eines Menschen.

Status ist keine Wertung im Sinne der sozialen Intelligenz, sondern beschreibt nonverbale Signale, die entweder Kompetenz (Hochstatus) oder Sympathie (Tiefstatus) ausstrahlen.

Viele Menschen bewegen sich in einer Bandbreite an Statussignalen, haben aber klare Tendenzen in die eine oder andere Richtung. Die Extreme der Assoziation sind für Hochstatus besondere Autorität und Willensstärke (beispielsweise bei den meisten Politikern oder anderen Entscheidungsträgern) und für Tiefstatus hauptsächlich Schüchtern- und Unsicherheit.

Je nach Situation und Gesprächspartner ist es unterschiedlich, welche Statussignale wirkungsvoller und damit zielführender für die Kommunikation sind.
Wir empfehlen eine Flexibilität durch Beherrschen aller wichtigen Signale sowohl für Hoch- als auch Tiefstatus. Dadurch wird der Rapport weiter verbessert und dem Konzept des pacing und leading Rechnung getragen.

Das aus dem NLP bekannte neutrale Metaprogramm „matching / mismatching", also ob wir in unserer Denkstruktur versuchen, Ähnlichkeiten zu finden oder Unterschiede, verdeutlicht, wie wichtig es ist, flexibel im Senden dieser Statussignale zu sein. Einen wichtigen Auftrag in einer traditionsreichen Bank

wird der Auftragnehmer eher dann bekommen, wenn er sich den Hochstatussignalen der Manager anschließt. Ist der Manager jedoch ausnahmsweise im Tiefstatus, dann sollte auf gleicher Ebene kommuniziert werden und mindestens auf dieselbe Statushöhe gegangen werden. Dieses Konzept wird uns später unter dem Begriff spiegeln detailliert begegnen.

Um in dem Senden der Statussignale flexibel zu werden, empfiehlt sich die praktische Anwendung mit anschließendem Feedback von anderen und bestenfalls mit Videoaufzeichnung.

Hochstatussignale:
• Ruhige, entspannte Körperhaltung
• Viel Raum einnehmen
• Langsame Sprechgeschwindigkeit
• Bewusste Gestik im Bereich zwischen Hals und Hüfte
• Tiefere Stimmlage, entspannter Sprechrhythmus
• Auf beiden Beinen stehen
• Aufrechte Haltung
• Blick in die Augen
• Neutraler Gesichtsausdruck

Tiefstatussignale:
• Unruhige, schnelle Körpersprache
• Sehr häufig mit den Augenlidern blinzeln
• Die Hand greift oft an den Kopf oder ins Gesicht
• Verschränkte Beine
• Wenig Raum einnehmen
• Geringe Körperspannung
• Wilde Gestikulation sowohl über dem Kopf als auch unter der Hüfte
• Schnell und hoch sprechen

Nervosität

• Auf einem Bein stehen
(meist mit gekippter Hüfte)
• Viel Bewegung
• Lachen, Grinsen
• Hängende Schultern, gebückte Haltung
Wandernder Blick

I Um jemandem gut zuzusprechen und Mut zu machen, empfiehlt sich eine empathische Körperhaltung auf möglichst gleicher Augenhöhe und sanftes Berühren am Schulterblatt, ohne von oben Druck auszuüben.

J Die Kollegin hat einen eindeutig höheren Status. Zusätzlich übt sie auch körperlich Druck von oben aus. Damit senkt sie den Wert des Kollegen noch weiter.

K Eingehakte Füße sind vor allem bei Männern ein eindeutiges Tiefstatus Signal. Die zusätzlich Anspannung und der abwesende Blick unterstreichen den Eindruck der Nervosität.

Je flexibler wir dabei sind, uns verändern zu lassen, desto klarer entscheiden wir uns für ein gutes Miteinander.

*Ü*bung: Status

Was du dazu brauchst: einen Gesprächspartner, der sich ebenfalls mit der Thematik Status beschäftigt hat.

Was zu tun ist: Führt ein Gespräch über ein x-beliebiges Thema. Einer beginnt im Hochstatus, der andere im Tiefstatus, im Laufe der Unterhaltung tauscht die Rollen. Geht nach dem gleichen Prinzip noch einmal vor, diesmal seid ihr ungleicher Meinung.

Reflexion: In welchem Status fühlst du dich wohler? Wie wirkt sich der Status auf das Gespräch aus?

Der Sinn dahinter: Spüre, was Status bedeutet. Erkenne, was es für einen Unterschied in der Dynamik und im Machtverhältnis macht, einen anderen Status einzunehmen.

Rapid Relaxation Technik:
Genauso wie unsere Gedanken unseren Körper kontrollieren, hat auch die Körperhaltung Einfluss auf unseren Gemütszustand. Um schnell aus einer negativen Emotion herauszukommen, empfiehlt es sich, bewusst und ruhig in den Bauch zu atmen, gegebenenfalls die Atmung mit der Hand am Bauch zu erspüren.

Schließe deine Augen und erinnere dich an etwas Schönes, eine Situation, in der du dich absolut wohl gefühlt hast. Vielleicht sagst du sogar eine Art „Mantra" vor dir auf, wie: „Ich bin entspannt, ich bin ruhig, ich bin relaxt" während du dem Gefühl der Entspannung und Ruhe, das bereits jetzt viel größer ist als vorher, eine Farbe gibst und diese Farbe ein- und ausatmest, bis du wieder völlig gelassen bist.

Das passiert sehr schnell, in weniger als einer Minute, wenn du dich genau darauf konzentrierst. Und mit etwas Übung genügt es, in Zukunft nur noch an die Farbe zu denken, während du für eine Sekunde deine Augen schließt und bewusst ein- und wieder ausatmest.

I

K

33

Sympathie

Unter Rapport versteht man eine gemeinsame Basis des Vertrauens und der Sympathie. Diese entsteht besonders schnell, wenn zwei Menschen aufeinander treffen, die einen ähnlichen Status haben. Dadurch ergibt sich eine klare Hierarchie (je nach Gesprächsrichtung), mit der auch beide zufrieden sind. Natürlich können beide gleichberechtigt sein, meist übernimmt jedoch der die Führung, der den höheren Status hat.

Dein Status ist etwas Dynamisches, er verändert sich und gleicht sich im Laufe der Unterhaltung an. Unsere Kommunikation wird also essentiell von den nonverbalen Signalen bestimmt, die wir völlig unbewusst senden. Um die Kommunikation wertvoller und gelungener zu gestalten, empfiehlt sich eine Selbstreflektion mittels T.O.T.E. Modell (erinnere dich an die vier Stufen der Kompetenz).

Rapport erkennst du daran, dass eine Gleichheit der Körperhaltung und im Verhalten entsteht. Paare oder Freunde gehen beispielsweise im Gleichschritt und wenn der eine zum Glas greift, trinkt der andere auch einen Schluck, obwohl er gar keinen Durst hat. Je besser sich zwei Menschen verstehen, desto ähnlicher wird auch ihre Körpersprache. Entweder passt sich einer an sein Gegenüber an (jener mit Hochstatus) und lässt sich führen, oder beide nähern sich gegenseitig an. Der Prozess dieser Angleichung wird als **spiegeln oder „pacing und leading"** bezeichnet.

Im Englischen bedeutet **„to pace"** im gleichen Schritt gehen. Im NLP beschreibt Pacing den Prozess des sich Angleichens, des Spiegelns von Kommunikationspartnern. Eine Person A, die eine Person B spiegelt, gibt B in ihrem Verhalten jenes Verhalten „zurück", das A an B vorher hat beobachten können. Spiegeln beinhaltet verbale und nonverbale Aspekte mit dem Zweck, Rapport herzustellen.

Wenn wir Menschen in den Bereichen Beratung/Vertrieb oder Führung dabei beobachten, wie sie Kontakt mit ihrem Kunden herstellen, so ist oft zu sehen, dass die ganze Konzentration, eine Gemeinsamkeit zu finden, sich allein auf den inhaltlichen Anteil der Kommunikation beschränkt. Somit verschwenden sie einen Großteil Ihrer Möglichkeiten.

Wenn in Meetings ein Gefühl der Uneinigkeit oder Unstimmigkeit aufkommt und man merkt, dass es „brodelt", versuchen Moderatoren oder Führungskräfte sehr oft, über den Inhalt ein gemeinsames Commitment zu erreichen (auf einen gemeinsamen Nenner zu kommen). Viele von uns haben schon solche mühevollen, sehr zeitaufwendigen Versuche erlebt.

Um solche Fettnäpfchen zu vermeiden, können wir die nonverbale Ebene nutzen, um zunächst über Pacing einen angenehmen Kontakt herzustellen. Indem wir unser Gegenüber spiegeln (pacen), stellen wir mit diesem Rapport her. Beobachte in nächster Zeit einmal andere

A

B

C

D

Leute und dich selbst bei der Kontaktaufnahme mit anderen Menschen. Du wirst schnell erkennen, dass die Leute umso mehr Gemeinsamkeiten zeigen, je mehr sie sich verstehen.

Mit Pacen ist übrigens kein affektiertes Nachäffen gemeint, sondern ein empathisches Einlassen auf den anderen.

Diese Technik beschreibt also das Basiswerkzeug für alle Menschen, die im Zusammenspiel mit anderen arbeiten.

Es ist der Unterschied, der einen Unterschied macht - ob für Verkäufer, Manager, Berater, Erzieher oder alle anderen (und wie wir wissen, kommunizieren wir alle), die auf ihre Kommunikationsfähigkeit angewiesen sind. Jeder, der Interesse daran hat, mit jemand anderem schnell einen guten Kontakt herzustellen, sollte das Pacing beherrschen.

Wenn guter Rapport besteht, kannst du durch **Leading** den Gesprächspartner langsam in einen anderen Zustand führen. Du gibst die Richtung vor. Der Begriff des Leading stammt aus dem angloamerikanischen Sprachraum und bedeutet in positiver Form führen (to lead). Der Prozess des leading ist relativ einfach.

Wenn wir wahrnehmen können, dass Rapport vorhanden ist, beginnen wir erste kleine Veränderungen in unserem Ausdrucksverhalten (Physiologie, Sprache,...) herbeizuführen und überprüfen am Verhalten unseres Gesprächspartners, ob er diese Veränderungen mitmacht. Beim Schritt vom Pacing zum Leading ist der sanfte Übergang von entscheidender Bedeutung. Massive Wechsel bewirken in der Regel einen Rapportverlust. Da Menschen den guten Kontakt mit anderen sympathischen Personen instinktiv halten wollen, werden sie die Schritte des Leaders mitgehen. So kannst du durch geschicktes Leading einen traurigen Freund in gute Stimmung versetzen oder einen verärgerten Kunden wieder zum Partner machen. Selbstverständlich sind für jeden Berater oder jede Führungskraft Pacing und Leading absolute kommunikative Basiswerkzeuge.

A, B + C Die Kollegin ist bemüht, ihren Kollegen aus seinem negativen Emotionszustand zu holen. Zuerst begibt sie sich auf gleiche Augenhöhe, strahlt positive Energie aus. Er ist noch in Tiefstatus, während sie beginnt ihn zu führen. Sie lehnt sich vor und seine Anspannung lockert sich deutlich, auch die Füße haben wieder mehr Stand und Verbindung zum Boden. Während sie ihm gut zuspricht, stellt sie mehr und mehr Körperkontakt her, was ihm dabei hilft, sich zu entspannen.

D Nun ankert sie die positiven Emotionen kinästhetisch, um sie in Zukunft erneut abrufbar zu haben.

Rapport aufbauen
Folgende und weitere Möglichkeiten bieten sich einem geschulten Kommunikator, um schnell und erfolgreich Rapport aufzubauen und eine Ebene des Vertrauens zu schaffen:
• Nonverbale Möglichkeiten
• Verbale Möglichkeiten
• Umgebung und materielle Voraussetzungen

Nonverbale Ebene
• **Mimik**
o Augen, Blickrichtung, Blickkontakt
o Emotionaler Gesichtsausdruck
o Augenbrauen
o Lächeln
• **Gestik**
o Hand- und Armhaltung
o Bewegungsintensität
o Bewegungshäufigkeit
o Bewegungsgeschwindigkeit
o Spielen mit Gegenständen
o Wiederholen von typischen Bewegungen
o Oberer, mittlerer oder unterer Körperbereich
• **Körpersprache**
o Gesamtphysiologie
o Körperspannung
o Steh- und Sitzposition
o Offen oder verschlossen
o Arm- und Schulterhaltung
o Fußhaltung
o Kopfbewegungen und seitliche Haltung

Sympathie

o Ideomotorische Bewegungen (zum Beispiel unbewusstes Zucken der Finger)

Verbale Ebene
o Tonhöhe
o Sprechgeschwindigkeit
o Aussprache
o Betonung
o Pausen
o Sprachfluss
o Wiederholungen
o Einsatz von Füllwörtern wie „Ähm"

Umgebung und materielle Voraussetzungen
o Sitzordnung
o Sichthöhe
o Direkte Umgebung
o Kultureller Raum
o Kleidung
o Frisur
o Gefühle
o Persönliche Geschichte
o Interessen, Werte und Glaubenssätze

Bevor wichtige Entscheidungen oder Richtungswechsel im Gespräch getroffen werden, solltest du testen, ob ausreichend Rapport vorhanden ist. Ist eine gute nonverbale Basis gegeben, steigt nämlich die Erfolgswahrscheinlichkeit der Zielerreichung rapide an. Dazu gibt es eine spannende Übung, die mit einem Freund oder einer Freundin sehr leicht durchführbar ist und die die Hebelwirkung von gutem Rapport in nur 5 Minuten offensichtlich macht.

$\mathcal{U}$bung: Rapport

Was du dazu brauchst: ein paar Minuten Zeit und einen Freund oder eine Freundin.

Was zu tun ist: Stellt oder setzt euch gegenüber voneinander hin und sucht euch vorab 2 Themen. Eines, bei dem ihr absolut einer Meinung seid, und eines, bei dem ihr völlig gegensätzlicher Meinung seid. Geht nun gemäß der Reihenfolge 1 bis 4 unten in der Grafik die Themen durch, jeweils mit gleicher und ungleicher Körperhaltung.

Meinung

	gleich	ungleich
Körper gleich	4	2
ungleich	3	1

Reflexion: Was habt ihr bemerkt, was hat sich verändert? Wahrscheinlich war es schwieriger, bei unterschiedlicher Körperhaltung einer Meinung zu sein und einfach, dem anderen bei gleicher Körperhaltung zuzustimmen.

Der Sinn dahinter: Was ihr durch diese Übung gelernt habt, ist der Effekt von Rapport, der auf der nonverbalen Körpersprache aufbaut – und diese hat rein gar nichts mit dem Inhalt der Kommunikation zu tun!

Sympathie

Gefühle speichern

Ein Anker ist die Verknüpfung einer bestimmten Reaktion mit einem Reiz von außen. Anker können in jedem Repräsentationsmodell gesetzt werden. Jeder Reiz, der mit einem der 5 Sinne wahrnehmbar ist, kann als Anker genutzt werden. Jede Emotion, die du bisher erlebt hast, ist in dir gespeichert und kann mit Hilfe von Ankern jederzeit abgerufen werden.

Visuelle Anker: Bilder, Blicke, Logos, Umgebung
Auditive Anker: Lieder, Stimmen, Worte
Kinästhetische Anker: Berührungen, Gefühle
Olfaktorische Anker: Parfum, Gerüche
Gustatorische Anker: Geschmäcker

Anker begleiten uns durchs ganze Leben. Schon in der Kindheit prägen sie dich, der Ehering deiner Eltern, vielleicht sogar dein eigener, sind die wohl stärksten Anker zwischenmenschlicher Beziehungen. Das Lied, welches bei deinem ersten Kuss gespielt wurde oder der Geruch des Meeres, - all das bringt dich dazu, etwas Bestimmtes zu fühlen. Auch Werbung nützt Anker gezielt, um bei den potentiellen Käufern Gefühle auszulösen: Titelmelodien von Filmen und Serien, der Geruch von Lebkuchen, das Bild eines Sandstrandes.

In der Alltagskommunikation sind Anker besonders gut dafür geeignet, um andere Menschen schnell aus unerwünschten, einengenden Emotionen in ressourcenreiche Zustände zu führen. Das bedeutet, dass du zum Beispiel einem schlecht gelaunten Freund schnell die Möglichkeit gibst, sich besser zu fühlen. Das kannst du natürlich ohne sein Einverständnis tun, besser ist aber immer, es erst dann einzusetzen, wenn dein Gegenüber das auch verbal ausdrückt. Du musst nicht erklären, was du tust, es reicht, einfach den Anker auszulösen, den du früher gesetzt hast, oder ihn mittels der folgenden Anleitung in einen guten Zustand zu führen und diesen dann zu ankern. Bei dieser Übung sprichst du mehrere Repräsentationssysteme an, um möglichst schnell eine starke Emotion abzurufen.

$\mathcal{U}$bung: Anker

Was du dazu brauchst: Jemanden, der bereit ist, mit dir gemeinsam zu üben.

Was zu tun ist: Als Überleitung im Gespräch nutze beispielsweise folgenden Satz: „Ich weiß, du fühlst dich gerade nicht besonders. Aber gab es vielleicht schon einmal Momente, in denen du dich richtig entspannt gefühlt hast? Stell dir einmal vor, wie das damals war, wie hast du dich gefühlt? Was hast du gesehen?"

Lass deinem Gegenüber immer genügend Zeit, sich in den nächsten Sinneskanal hineinzudenken. Die Geschwindigkeit, die Menschen dafür brauchen, ist immer unterschiedlich, manchmal schneller, manchmal langsamer, das sagt aber nichts über deren Intelligenz oder sonstige Charaktereigenschaften aus.

Setzen eines kinästhetischen Ankers:
• Um einen Anker zu setzen, ist es wichtig, Rapport zu deinem Gegenüber zu haben.

• Macht euch im Vorfeld aus, wo der Anker gesetzt werden soll. Besonders geeignet sind Körperstellen, die im Alltag eher selten berührt werden.

• Hilf deinem Gegenüber, sich an das gute Gefühl, welches du ankern willst, zu erinnern. Achte auf seine Physiologie, während du ihm ins Gedächtnis rufst, wie er sich in dem Moment gefühlt hat, was er gesehen hat, welche Geräusche um ihn herum waren, was für einen Geruch er in der Nase hatte und welchen Geschmack er auf den Lippen hatte. Wohin hat er geatmet, wo war der Schwerpunkt seines Körpers, was hat er zu sich selbst gesagt? Lass ihn das Gefühl noch eine Spur stärker machen.

• Setze den Anker kurz vor dem Höhepunkt der Erfahrung, indem du an der abgesprochenen Stelle für zwei bis fünf Sekunden sanft Druck mit zwei Fingern ausübst.

• Lass ihn danach kurz an etwas anderes, möglichst Sachliches denken, um die Emotion kurz zu pausieren (diese Technik nennt sich „separieren").

• Teste nun den Anker, indem du die Stelle noch einmal wie vorher berührst. Das Ergebnis ist jetzt schon sichtbar, der ganze Körper und auch sein Gesichtsausdruck verändern sich wieder genauso wie zuvor – er ruft gerade das Gefühl ab!

Reflexion: Funktioniert der Anker, den du gesetzt hast? Wie ist die körperliche Reaktion deines Gegenübers? Wie fühlt sich die Person dabei?

Der Sinn dahinter: Ein Anker ist das Ergebnis eines Lernprozesses. Das Erlernen einer bestimmten Reaktion auf einen gegebenen Stimulus.

Der Griff auf eine Herdplatte verursacht Schmerzen, deshalb wird ein Kind, welches die Erfahrung gemacht hat: „Wenn ich auf den Herd greife, tut das weh!", dieses Gefühl mit der Aktion verknüpfen und in Zukunft vermeiden.

ANKERN - INSTALLATION EINES ANKERS

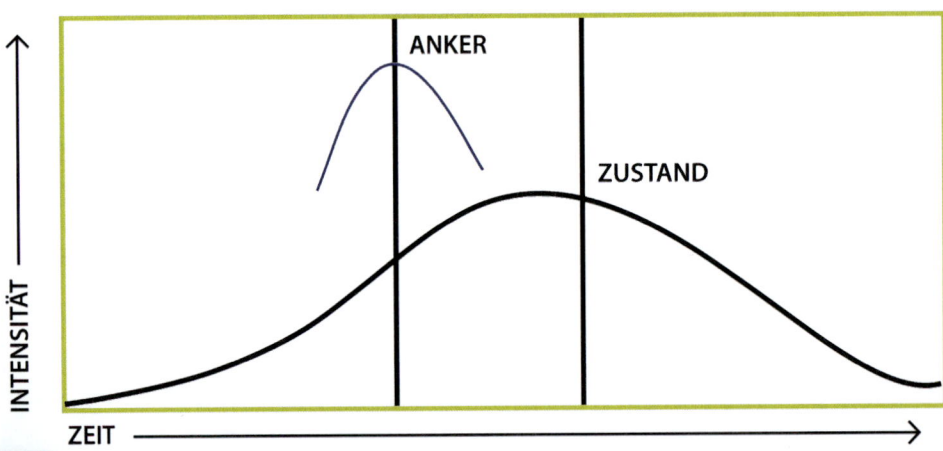

Gefühle speichern

A Um ihren niedergeschlagenen Kollegen vor einer wichtigen Präsentation in einen ressourcenreichen Zustand zu bringen, stellt sie zuerst Rapport her.

B Als die erwünschte Emotion (z.B. Entspannung) kurz vor dem Höhepunkt ist, ankert sie das Gefühl kinästhetisch.

C Sie verstärkt das Gefühlt weiter, klar erkennbar auch an der Veränderung seiner Physiologie, und separiert nun mit der Frage nach einer sachlichen Information.

D Der Anker wird für ihn unbewusst nochmals ausgelöst, um zu testen. Die aufrechte Körperhaltung und das entspannte Lächeln bestätigen den erfolgreich gesetzten Anker.

Wir wiederholen zum Abschluss noch einmal kurz die vier Grundregeln, um erfolgreich zu ankern:
- Einzigartigkeit des Ankers
- Wiederholbarkeit des Ankers
- Intensität des Zustandes
- Timing des Ankers

Gefühle speichern

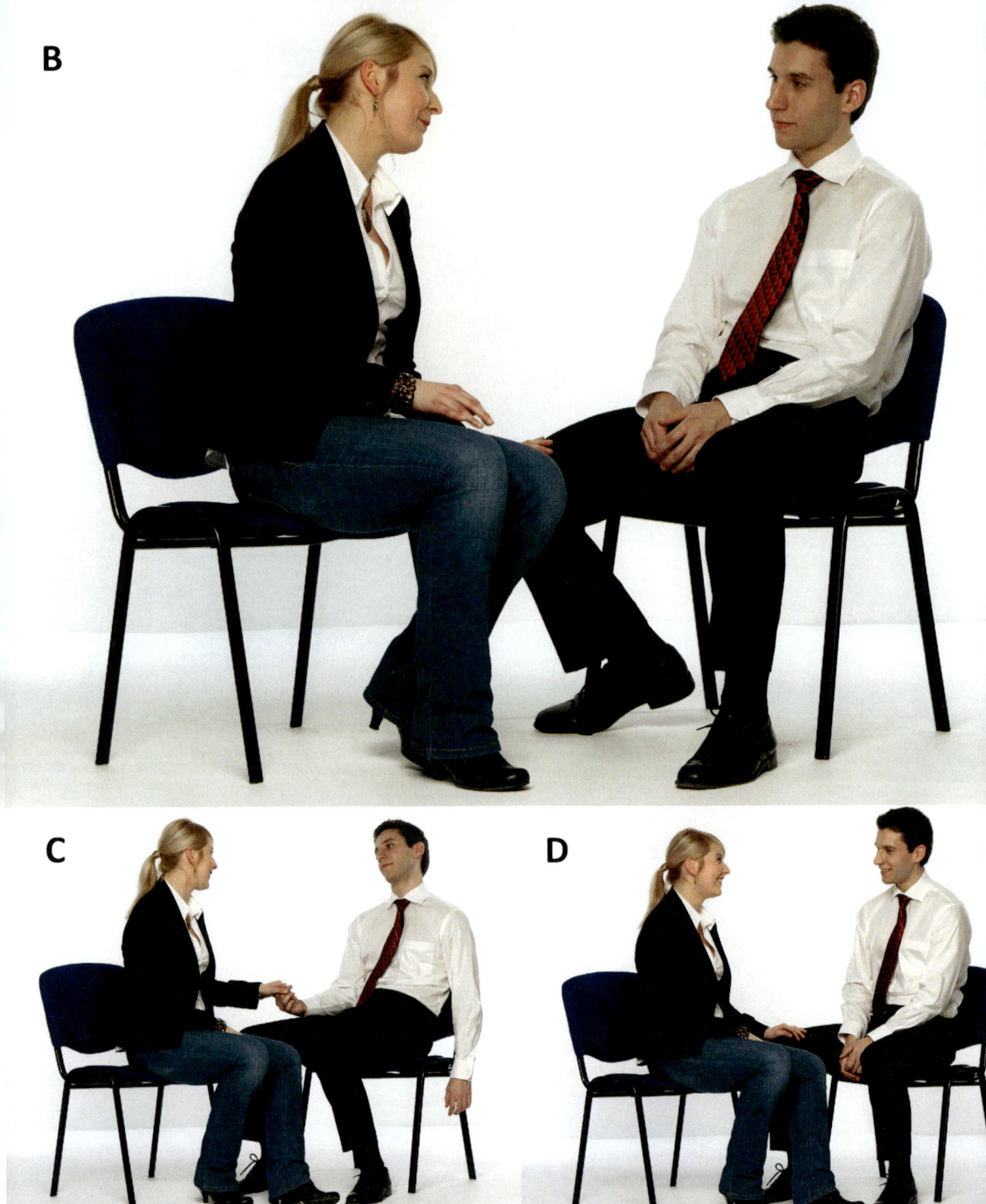

B

C

D

Gefühle speichern

Emotionen evozieren

Erfolgreiche Kommunikation entsteht immer dann, wenn wir mit unserem Gegenüber bestmöglich in Verbindung treten. Besonders in Momenten, in denen es wichtig wird, die Gefühle des anderen anzusprechen, können Techniken des NLP hilfreich sein. So nutzen wir beispielsweise das VAKOG Modell, um alle Sinneskanäle zu erreichen und damit das Erlebnis der Erinnerung möglichst lebendig wieder hervorzuholen. Diese fünf Sinneskanäle werden auch als Modalitäten bezeichnet. Je feiner die Eindrücke werden, desto gewichtiger werden die Submodalitäten – die nächst kleineren Bausteine der Sinneskanäle.

Im visuellen Bereich beispielsweise hell und dunkel oder nah und fern, im auditiven Bereich etwa hoch und tief oder laut und leise. Es geht also um die Feineinstellung der Sinne. Führen wir unseren Gesprächspartner, gerade in Momenten die wir ankern wollen, tiefer in eine Emotion, dann können wir uns verschiedener Fragestellungen bedienen, um die Erinnerung klarer zu machen.

Visuelle Submodalitäten

1. Film/Standaufnahme
Ist es ein Film oder eine Standaufnahme?
2. Farbe/Schwarzweiß
Ist das Bild in Farbe oder Schwarzweiß gehalten?
3. Rechts/Links/Mitte
Wo befindet sich das Bild? Rechts, links, mittig?
4. Oben/Mitte/Unten

Befindet sich das Bild oben, in der Mitte oder unten?
5. Hell/Gedämpft/Dunkel
Ist das Bild hell, gedämpft, dunkel?
6. Lebensgröße/Größer/Kleiner
Hat das Bild Lebensgröße, ist es größer oder kleiner?
7. Nähe
In welcher Entfernung befindet es sich?
8. Schnell/Langsam
Bewegt sich das Bild schnell, in gemäßigtem Tempo oder langsam?
9. Bestimmter Blickwinkel
Befindet sich ständig ein bestimmtes Element im Brennpunkt?
10. Ihr Standort
Bist du Teil des Bildes, oder beobachtest du die Szene aus einiger Entfernung?
11. Rahmen/Panorama
Hat das Bild einen Rahmen, oder handelt es sich um eine Panoramaaufnahme?
12. 3-D/2-D
Ist das Bild drei- oder zweidimensional?
13. Besondere Farbe
Gibt es eine Farbe, die dich am meisten beeindruckt?
14. Standpunkt
Betrachtest du das Bild von oben, von unten, von der Seite, usw.?
15. Bestimmte Auslöser
Gibt es noch andere Reize, die starke Gefühle bei dir auslösen?

Auditive Submodalitäten

1. Selbst/Andere
Sagst du etwas zu dir selbst, oder hörst du etwas von anderen?

2. Inhalt
Was genau sagst oder hörst du?
3. Die Art, wie es gesagt wird
Wie sagst oder hörst du es?
4. Lautstärke
Wie laut ist das Gesagte?
5. Klangcharakter
Wie ist der Klangcharakter beschaffen?
6. Tempo
Wie schnell wird es gesagt?
7. Quelle
Woher stammen die Laute/Geräusche?
8. Harmonie/Kakophonie
Sind die Laute harmonisch, oder gibt es Dissonanzen?
9. Regelmäßig/Unregelmäßig
Sind die Laute regelmäßig oder unregelmäßig zu hören?
10. Modulation
Ist die Stimme moduliert?
11. Bestimmte Worte
Werden bestimmte Worte betont?
12. Zeitdauer
Wie lange sind die Laute zu vernehmen?
13. Einzigartigkeit
Was ist an diesen Lauten so einzigartig?
14. Bestimmte Auslöser
Gibt es noch andere Reize, die starke Gefühle in dir auslösen?

Kinästhetische Submodalitäten

1. Temperaturveränderung
Hat eine Temperaturveränderung stattgefunden? Heiß oder kalt?
2. Oberflächenstruktur
Hat eine Veränderung der Oberflächenstruktur stattgefunden? Rau oder weich?
3. Starr/Flexibel
Ist sie starr oder flexibel?
4. Vibration
Sind Vibrationen zu spüren?

5. Druck
Hat der Druck zu- oder abgenommen?
6. Druckquelle
Wo befand sich der Ausgangspunkt des Drucks?
7. Anspannung/Entspannung
Hat die Anspannung oder die Entspannung zugenommen?
8. Bewegung
Richtung/Geschwindigkeit. War eine Bewegung zu verzeichnen? Wenn ja, in welche Richtung und mit welcher Geschwindigkeit?
9. Atmung
Welche Atemtechnik? Wo begann/endete sie?
10. Gewicht
Schwer oder leicht?
11. Stetig/Intervalle
Sind die Gefühle anhaltend, oder werden sie in Abständen ausgelöst?
12. Größe/Formveränderung
Hat sich die Größe oder Form verändert?
13. Richtung
Sind die Gefühle in den Körper ein- oder ausgeströmt?
14. Bestimmte Auslöser
Gibt es noch andere Reize, die starke Gefühle in dir auslösen?

Wichtig: Unterscheide zwischen Körperempfindungen (Gefühle, die im Körper spürbar sind) und Emotionen (Meta-Gefühle). Meta-Gefühle sind bewertende Emotionen, in denen die Informationen aus allen Sinnen einfließen. Körperempfindungen sind ausschließlich spezifische Gefühle wie zum Beispiel ein angenehmes Wärmegefühl in der Brustgegend. Meta-Gefühle dienen bei der Arbeit mit Submodalitäten lediglich als Überprüfung für die Wirkung bestimmter Submodalitäten.

Emotionen evozieren

Handschlag

Der Händedruck ist ein Ritual zur Begrüßung, welches in unserem Kulturkreis stark verbreitet ist. Oft werden die Hände dabei rhythmisch leicht auf und ab bewegt, wobei es natürlich bei einer leichten Bewegung bleiben sollte. Ein kräftiger Händedruck gilt als Zeichen der Kompetenz, Ausdruck von selbstbewusstem Auftreten und ruft beim anderen positive Gefühle hervor. Der Handschlag dient auch dazu, den anderen erstmals zu be-greifen.

Bei der Begrüßung steht schon fest, wie die Personen zueinander stehen. Schon die Reihenfolge, wem schüttle ich zuerst die Hand und in welcher Form und Intensität, sagt viel über das Verhältnis der Anwesenden aus. Gegrüßt wird immer zuerst der Ranghöchste beziehungsweise die anwesenden Damen.

Prinzipiell gilt, dass derjenige, dessen Hand oben ist, einen höheren Status hat. Die Hand des anderen mit der eigenen zu überdecken, ist eine Dominanzgeste, welche Macht ausdrückt.

- Blicke deinem Gegenüber freundlich in die Augen
- Stehe auf, solltest du sitzen (Frauen dürfen in ihrer Position bleiben)
- Benutze deine rechte Hand
- Achte darauf, dass deine Hand trocken ist
- Drücke die dir gegebene Hand sanft, aber bestimmt. Ein normaler Händedruck dauert in der Regel 3-5 Sekunden

Auch der Abstand zu der Person, der du die Hand reichst, drückt aus, in welchem Bezug ihr zueinander steht. Ist viel Raum zwischen euch, weist das auf ein distanziertes Verhältnis hin.

Der Grund, weshalb wir uns im Regelfall mit der rechten Hand begrüßen, ist schnell erklärt. Auch heute noch ist es Teil des Lebens vieler Menschen in südlichen Ländern, dass kein Toilettenpapier zur Verfügung steht. Da die linke Hand somit als „unrein" gilt, da sie für andere Zwecke genutzt wird, muss die rechte für die Begrüßungsform herhalten.

Die Begrüßung im deutschen Sprachraum ist ein Ritual, das stark auf archaische Strukturen im Hintergrund schließen lässt. Das Idealbild sieht zwei gleich starke Parteien vor, die beide mit geradem Stand, zugewandtem Körper und festem Händedruck Macht und Ruhe ausstrahlen (also hohen Status). Gerade im beruflichen Kontext werden hastige Körpersprache und unruhige Bewegung in diesem Moment negativ bewertet, ebenfalls ein ausweichender Blick oder das hastige Abspulen von standardisierten Begrüßungsfloskeln.

Nimm dir für den ersten Eindruck Zeit und Raum, um den besten Eindruck zu hinterlassen. Erwidere den Blick des anderen stets freundlich, denn wie du bereits gemäß dem Prinzip des Rapport weißt: So wie du in den Wald hineinrufst, so schallt es zurück.

A

B

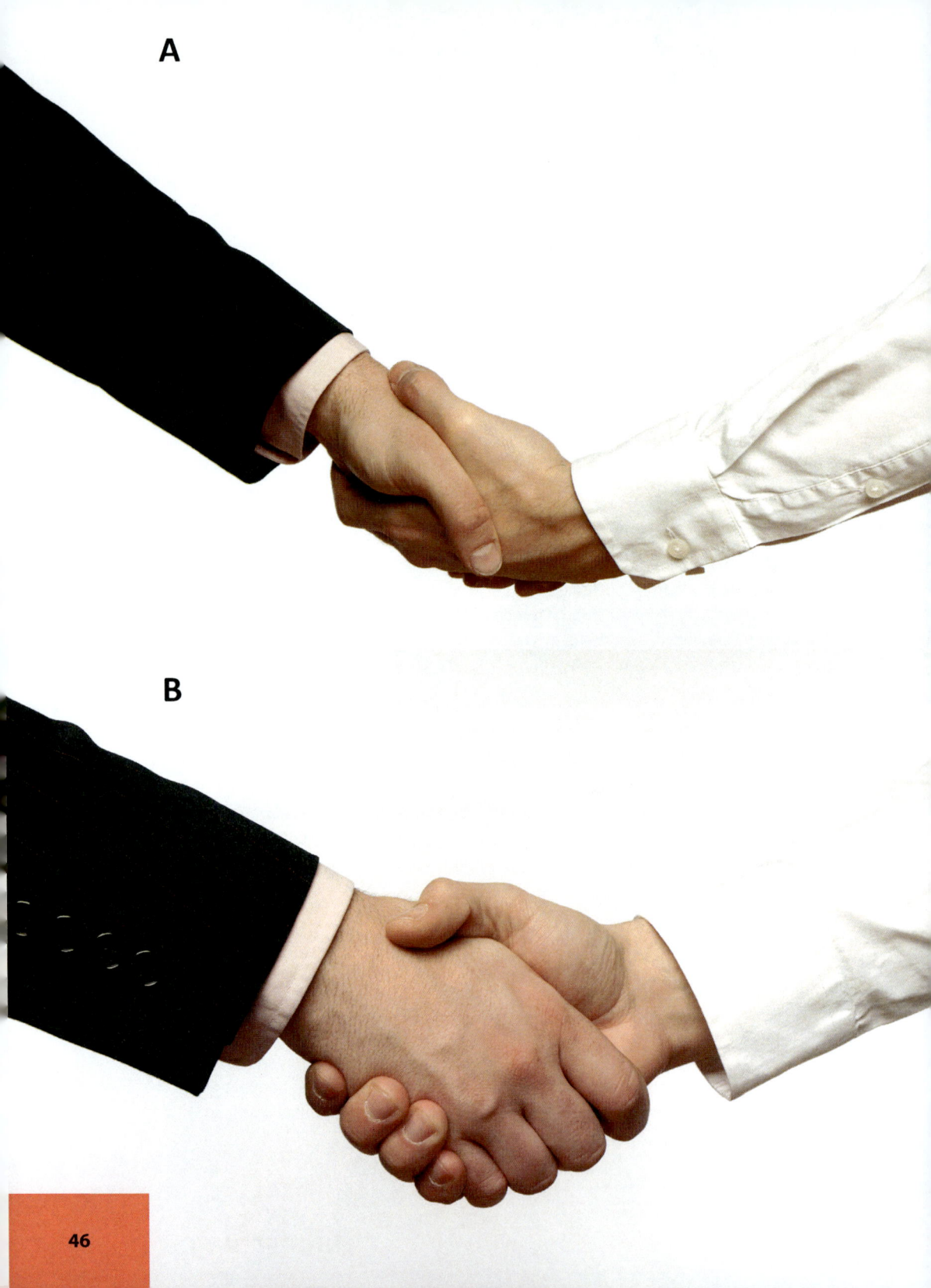

C

D

E

A Die Hand des Gegenübers nach unten drehen, demonstriert Macht und Überlegenheit, fühlt sich für den anderen jedoch selten gut an.

B Besser fühlt sich die im Normalfall „gleichberechtigte" Begrüßung an, bei der ein starker, aber nicht zu fester Druck ausgeübt wird.

C Die Hand leicht zu drehen ist dennoch eine Möglichkeit, Autorität zu zeigen.

D Die Hand des anderen zu umfassen, ist ein Zeichen von Nähe, sei sie nun freundschaftlich, sexuell interessiert oder autoritär.

Der Ausdruck wird hier von der Stärke des Drucks bestimmt, der ausgeübt wird.

E Fester Händedruck und freundlich gestimmte Mimik zeigen: Du bist willkommen. Dennoch wird klar Abstand genommen und die Autorität bewusst gezeigt, indem mit dem anderen Arm auf die Schulter des Gegenübers Druck ausgeübt wird.
Der Händedruck ist darüber hinaus eine gute Möglichkeit, gute Gefühle an Stellen zu ankern, die normalerweise nicht beim alltäglichen Handschlag berührt werden. Hierfür eignen sich der Handrücken, der Ansatz des Unterarms und die Schulter des Gegenübers.

Handschlag

Sympathie, Rapport und Freundlichkeit sind sehr gut geeignet, um sie beim Erstkontakt zu ankern und später im Gespräch zu verstärken und mit einem verbesserten Anker zu überlagern.

F An den Unterarm des anderen zu fassen, ist eine Möglichkeit, bestimmte Emotionen zu ankern oder um zu zeigen, wer den höheren Status besitzt.

G Die Hände sind zwar gleichberechtigt, doch der eine übt massiv Druck aus. Dies wird häufig mit negativen Emotionen verknüpft.

Am Handschlag erkennst du auch relativ schnell, ob sich dein Gegenüber auf dich einstellt, oder seinen eigenen Weg vorgibt. Je nach Intensität des Drucks, Schnelligkeit des Auf- und Abhebens und Dauer der Bewegung kann hier bereits Rapport entstehen und Hoch- oder Tiefstatus demonstriert werden. Sei dir dabei einem der elementarsten Grundsätze erfolgreicher Kommunikation bewusst:

Auch wenn du denkst, du hättest etwas eindeutig und klar verständlich kommuniziert, erst an der Reaktion deines Gegenübers erkennst du, ob deine Handlung die gewünschte Wirkung hatte. Der Sender ist verantwortlich für seine Botschaft! Es ist also wichtig, dass du den Empfänger genau beobachtest und gegebenenfalls von ihm Feedback erhältst; wenn es nicht von allein kommt, dir aber sehr nützlich erscheint, dann bitte den anderen doch darum!

Wirst du selbst um **Feedback** gebeten, dann nütze diese Chance, dir über deine eigene Kompetenz bewusst zu werden, um zu reflektieren. Anders herum kannst du auch genauer nachfragen, wenn du Feedback bekommst. Besonders im beruflichen Alltag wird Feedback oft mit Kritik verwechselt und deshalb häufig vermieden. Das ist sehr schade, da nur durch Feedback positive Veränderungen möglich sind. Wir suchen also nach einer Möglichkeit, unsere subjektiven Eindrücke möglichst so wiederzugeben, dass sie beim anderen richtig ankommen. Richtig bedeutet in diesem Kontext: Der andere nimmt das Feedback an und erkennt, dass es für ihn wertvoll ist.

Zwei Kriterien sind ausschlaggebend für gutes Feedback:

• Du fühlst dich nach dem Feedback gut oder besser als davor
• Du hast dadurch gelernt

Hochqualitatives Feedback wird deshalb von 7 Regeln bestimmt:

• Konstruktiv
o Du gibst Empfehlungen, keine Kritik

• Kurz
o Nicht mehr als 4 bis 10 Punkte, nicht länger als 1 bis 3 Minuten

• Zeitnah
o Gutes Feedback folgt kurz nach der Aktivität

• Verhaltensorientiert
o Bezogen auf das Verhalten, nicht auf die Denkprozesse

• Konkret und sachlich

Handschlag

o Information bezieht sich auf eigentliche Tätigkeit und ist natürlich nicht persönlich oder als Angriff zu verstehen

• Sandwich

o Was genau war gut, was lässt sich verbessern, was war insgesamt gut?

• Ich-Botschaft

o „Mir ist aufgefallen, dass du..."

Die nette Elsa

Wieder geht's in den Sprint, ich stolpere einige Male über meine eigenen Füße, bis ich endlich beim Taxistand bin. Ich steige in einen alten verbeulten Mercedes, weil mich der Fahrer nicht versteht, gebe ich ihm meine Visitenkarte, in dem Moment fällt mir auf, dass ich nur eine Socke anhabe ...

Ich versuche ja wirklich mich zu konzentrieren und mich noch ein bisschen auf mein Gespräch vorzubereiten, aber mein Hirn will einfach nicht arbeiten! Der Taxifahrer knöpft mir zusätzlich eine Unsumme ab, weil ich am Weg kurz rausspringe, um mir neue Socken und ein frisches Hemd zu kaufen. Das waren maximal 5 Minuten, unglaublich, wie teuer Taxi fahren ist!

Völlig K.O. komme ich im Büro an, ich bin verschwitzt und rieche nach Alkohol, was bin ich nur für ein Idiot? Gott sei Dank gibt's eine Dusche im zweiten Stock, da führt mich auch mein erster Weg hin. Gut, dass ich noch einkaufen war, dafür haben sich die 12€ extra für den Fahrer gelohnt, obwohl ich immer noch der Meinung bin, dass mir der zu viel berechnet hat.

Schließlich sitze ich an meinem Platz, es ist Gott sei Dank so viel los, dass keiner mitbekommen hat, wie spät ich gekommen bin, obwohl mich Elsa schon prüfend gemustert hat. Ob ihre Eltern sie wohl sehr hassen? Also wenn ich mein Kind Elsa nenne, dann kann da irgendwas nicht stimmen...

In zwanzig Minuten soll ich im Büro des Chefs sitzen, ich bin völlig kaputt, zugegeben, ich habe selbst Schuld an meiner Situation, aber das macht es leider nicht besser. Wenn ich vorher bei dem Mädchen schon nervös war, dann weiß ich hierfür keine Worte. Ich knabbere an meinen Nägeln wie ein kleines Kind und spiele unruhig mit meinem Lieblingsstift. Den kann man sagenhafter Weise in zwölf Teile zerlegen! Ist doch unglaublich, oder? Gut, interessiert wohl keinen, lenkt mich aber ab. Ich muss dauernd an die Frau denken, ich weiß nicht einmal, wie sie heißt ... ich hätte zumindest aufs Türschild schauen können, ich kann aber auch wirklich gar nichts richtig machen!

Ich weiß nicht, ob meine Beine aus Angst zittern oder weil der Alkohol noch wirkt. Ich habe in den sagenhaften vierzehn Tagen meines derzeitigen Arbeitsverhältnisses schon so viel falsch gemacht, dass ich einfach nichts Gutes rauskommen kann. Alles liegt an der Präsentation nachher, wenn die perfekt ist, kann er mich nicht rauswerfen ... aber wie soll ich das in meinem Zustand nur hinkriegen?

Es klopft an der Tür, ich würde am liebsten sagen, dass ich nicht gestört werden will, traue mich aber nicht. Es ist Elsa, sie kommt rein und setzt sich mir gegenüber hin. Ich habe fast das Gefühl, dass sie versucht mir beizustehen, dabei dachte ich, sie könnte mich nicht leiden? Naja, egal jetzt, sie lenkt mich ab, wäre sie nicht so beängstigend, würde ich mich bedanken, mir fällt auf, dass sie ziemlich freundlich ist.

Memo an mich, Elsa ist nett und gar nicht beängstigend! Sie ist richtig mütterlich und tröstet mich, ich erzähle natürlich nichts von meinen nächtlichen Eskapaden, bin ja nicht blöd. Es ist beruhigend, mit ihr zu sprechen, wie sie den Kopf so schief hält, erinnert mich das an die Situation von heute Morgen, ich hab mir das echt selbst verbockt.

Nachdem mir Elsa den Rücken getätschelt hat, fühle ich mich wieder wie neu, naja nicht ganz, ich trinke nebenbei auch noch einen ganzen Liter Wasser, um meinen Brand loszuwerden.

Dominanz

Der Status wurde bereits genauer besprochen, wichtig zu beachten ist, dass ein hoher Status nicht Voraussetzung ist für Dominanz. Auch mit einem tiefen Sta-tus kann geführt werden, es ist lediglich eine subtilere Art der Überlegenheit. Das Führen aus dem Tiefstatus ist oft in Beziehungen zu beobachten – die Frau entscheidet im Endeffekt, obwohl der Mann den offensichtlich höheren Status hat.

Dominantes Verhalten beherrscht und kontrolliert, ist Macht. Dies wird in Vier-Augen-Gesprächen oft als unangenehm empfunden, ist bei größeren Gruppen ab vier bis sieben Personen jedoch häufig erwünscht und hier von positivem Nutzen.

Wie im NLP gewohnt, ist es die Flexibilität, die größtmögliche Wirkung erzielt. Sowohl dominant auftreten zu können, um größere Gruppen zu führen, als auch zurückhaltend zu sein, um beispielsweise mit kleineren Gruppen oder im persönlichen Gespräch zu überzeugen, ist wichtig.

Eine tiefe Stimme und überlegene, Raum einnehmende Körperhaltung und direkter Blickkontakt zeugen von Dominanz. Auch die Gestik verändert sich dahingehend, dass der Gesprächspartner oft „von oben herab" behandelt wird.
Für den dominanteren Part ist es völlig normal, in den persönlichen Bereich des anderen einzudringen, ihn an der Schulter nach unten zu drücken und ihm somit das Gefühl von Unterlegenheit zu vermitteln.

A Auch indem du deinem Gegenüber bestimmend den (Sitz-)Platz zuweist und somit die Bewegung der anderen führst, strahlst du Dominanz aus.

B Überlegene, viel Raum einnehmende Körperhaltung und direkter Blickkontakt zeugen von Dominanz. Ebenso wird gemäß dem hohen Status die Körpersprache sehr ruhig und bestimmt sein.

Flexibilität ist das Um und Auf der erfolgreichen Kommunikation. Wenn du es mit einem dominanten Gesprächspartner zu tun hast, der selbst jedoch nicht aus seiner Rolle heraussteigen kann, hast du zwei Möglichkeiten: Du passt dich an, begibst dich auf dieselbe Ebene, um Rapport herzustellen. Oder du unterwirfst dich, um Sympathie zu erzeugen – dies kann jedoch auch nachteilige Folgen für den Gesprächsverlauf haben, weil du vielleicht nicht ernst genommen wirst.

Um den Prozess, flexibler zu werden, besser zu verstehen, bedienen wir uns des Konzeptes der Utilisation. Das kann man am sinnvollsten als den Prozess bezeichnen, bei dem man eine existierende Strategie anwendet.

Eine Strategie wiederum ist die Art und Weise, wie wir unsere Gedanken und unser Verhalten organisieren, um eine Aufgabe zu erfüllen. Es gibt sogenannte Makro- und Mikrostrategien. Wenn sich jemand beispielsweise die Aufgabe setzt,

A

! **Indem du deinem Gegenüber bestimmend den (Sitz-)Platz zuweist und somit die Bewegung der anderen führst, strahlst du Dominanz aus.**

ein erfolgreicher Jurist zu werden, wäre die Makrostrategie der schrittweise Aufbau dieser Karriere: Studium, Promotion mit summa cum laude. Veröffentlichungen, Anstellung an einer angesehenen Universität, Habilitation, Karriere in einer berühmten Kanzlei und so weiter.

Dominanz

B

Der Weg in diesem Beispiel ist klar durch externe Einflüsse vorgegeben, kann jedoch auch durch den Menschen selbst geschaffen werden, um große Ziele zu erreichen (Stichwort milestones oder Zwischenziele setzen).

Die Mikrostrategien betreffen zum Beispiel die Art und Weise, wie der Betreffende erfolgreich und effizient lernt, schreibt oder sich präsentiert. Diese Mikrostrategien lassen sich analysieren als bestimmte Abläufe innerhalb der Sinnessysteme.

Sie beschreiben eine spezifische internale Verarbeitungsweise von Sinneswahrnehmungen, das heißt auch: Strategien sind formale Strukturen, also spezifische Vorgehensweisen, die zunächst völlig unabhängig vom jeweiligen Inhalt sind.

Zu jeder Strategie gehören auch bestimmte Einstellungen und Glaubenssätze. In diesem Fall etwa: „Erfolgreich sein ist für mich möglich und wichtig. Ich bin begabt und habe die Fähigkeiten zu einer solchen Laufbahn.", und so weiter.

Strategien sind wie ein Kochrezept, mit dessen Hilfe wir einen Kuchen backen: Wesentlich sind die Zutaten, entscheidend die Menge der jeweiligen Zutat (ob ein Ei oder zehn) und die Reihenfolge, in der wir sie zusammenfügen. Es macht nämlich einen großen Unterschied, ob wir das Ei vor, während oder nach dem Backen im Ofen hinzufügen.

Das bedeutet die Reihenfolge dessen, was wir innerhalb einer Strategie tun, ist genauso wichtig wie das, was wir tun, selbst wenn alles innerhalb weniger Sekunden geschieht. Die Zutaten einer Strategie sind die Repräsentationssysteme, die Mengen und Qualitäten sind die Submodalitäten.

Das Rezept ist dabei die große Linie der Strategie, die einzelnen Schritte wie zum Beispiel das Rühren des Teigs sind die Mikroeinheiten dieser Strategie. Die Glaubenssätze beim erfolgreichen Backen wären etwa: „Einen Kuchen zu backen ist möglich, ich kann es erlernen und erfolgreich tun. Es lohnt sich, der Kuchen wird schmecken."

Im NLP untersuchen wir solche Strategien mit dem Ziel, herauszufinden, was jemand tut, wenn er etwas erfolgreich tut, um diese Fähigkeit dann auch anderen, die sie bisher noch nicht zur Verfügung hatten, zugänglich machen zu können.
Das bedeutet: Strategien sind ein essentieller Bestandteil des Utilisierens (auch als modelling bekannt). Genau diesen Prozess durchläufst auch du gerade: Du lernst flexibel in Status und Körpersprache zu sein, um bestmögliche Wirkung bei deinem Gegenüber zu erzielen.

Um Strategien genauer zu erkennen (evozieren), ist es nützlich, dich mit Menschen zu unterhalten, die bereits erfolgreich die gewünschte Strategie anwenden.

Möchtest du beispielsweise dominantes Auftreten erlernen, das gleichzeitig sehr sympathisch wirkt, sammele möglichst viele Informationen über eine Person, die genau das ausstrahlt. Gerade in der Körpersprache kannst du das durch Beobachtung tun und mittels dem T.O.T.E. Modell selbst anwenden, bis du die erwünschten Resultate erzielst.

Wieso aber den Umweg gehen, wenn es eine Abkürzung gibt? Du könntest die betroffene Person auch einfach fragen, was sie so erfolgreich macht. Meist wissen es die Menschen nicht und es ist auch für sie sehr spannend, herauszufinden, welche Faktoren maßgeblich sind. Nutze dafür folgende Übung aus dem NLP:

$\mathcal{U}$bung: Strategien evozieren

Was du dazu brauchst: eine Person, deren Strategie dich interessiert.

Was zu tun ist: Führe die Person zuerst in eine Erinnerung, in der die gewünschte Strategie besonders wichtig war, und lass sie diese Szene möglichst lebhaft rekapitulieren. Assoziiere sie (lass sie aus den eigenen Augen heraus sehen), arbeite mit dem VAKOG Modell und den Submodalitäten, bis das Bild oder der Film möglichst lebendig ist.

Setze nun den richtigen Rahmen und frage zum Beispiel: „Stell dir vor, ich müsste dich einen Tag lang vertreten.

Auf welche Art und Weise müsste ich das tun, damit ich das, was du sehr gut kannst, genauso tun könnte?"

Hole gegebenenfalls das Einverständnis für penetrantes Nachfragen, da es ab und zu mehrerer Nachfragen deinerseits bedarf, bis die Strategie vollständig evoziert ist. Achte bei diesem Prozess mehr auf den Ablauf, weniger auf den Inhalt der Geschehnisse.

Frage zuerst nach Physiologie und Körperzustand. Spiegle diesen Zustand auch jetzt, um dich bestmöglich zu kalibrieren und Rapport herzustellen, passe auch Stimme und Tempo dementsprechend an.

• Wie war deine Körperhaltung?
  Wie standest oder saßest du da?
• Wie hast du dich bewegt?
• Wo war der Schwerpunkt deines Körpers?
• Wohin hast du geatmet?
• Worauf war dein Fokus gerichtet?

Lass dir nun den groben Ablauf erzählen. Danach noch einmal, aber diesmal lass alles in Zeitlupe ablaufen und jeden einzelnen Sinneskanal genau beschreiben. Achte währenddessen auf die nonverbalen Signale des Körpers, während die Erinnerung erneut durchlebt wird.

Weiters kannst du folgende und ähnliche Fragen stellen, um Strategien zu evozieren:

• Was genau müsste ich tun, um es genauso zu tun, wie du es tust?
• Womit müsste ich anfangen?
• Was passiert zuerst?

• Welche Prozedur durchläufst du, um sicherzustellen, dass du bereit bist, "X" zu tun?
• Woran genau merkst du, dass es Zeit ist, "X" zu tun?
• Woran merkst du es noch früher?
• Woran genau merkst du, dass ...
• Wie würde ich es genau machen müssen?
• Was genau ist sonst noch dabei zu berücksichtigen?
• Was passiert gerade?
• Was passiert als Nächstes?
• Wie tust du das genau?
• Und was passiert direkt davor?
• Hörst du, siehst du oder fühlst du es? Oder ist alles gleichzeitig?
• Geschieht das alles gleichzeitig oder hintereinander?
• Wie weißt du, dass du fertig bist?
• Woran merkst du, dass es geklappt hat?
• Woran merkst du es noch eher?
• Was lässt dich wissen, dass du mit deiner Strategie noch nicht fertig bist?
• Woran merkst du, dass du bereit bist, zu etwas anderem überzugehen?

Meist gehören zu einer Strategie auch bestimmte Glaubenssätze. Zu einer effektiven Entscheidungsstrategie etwa gehört vermutlich ein Glaube wie dieser: "Ich entscheide mich richtig."

Mögliche Fragen zu Glaubenssätzen:

• Was müsste ich glauben/was müsste mir wichtig sein, um genau das tun zu können, was du tust?
• Welcher Gedanke ist wesentlich?
• Gibt es da vielleicht etwas, dessen du dir dabei innerlich ganz sicher bist?

Dominanz

Reflexion: Hast du etwas für dich Nützliches herausgefunden? Wie wirst du dieses Wissen in Zukunft einsetzen? Hast du weitere Ideen, wo du diese Übung anwenden kannst?

Der Sinn dahinter: Das Rad muss nicht jedes Mal neu erfunden werden, um dich dahin zu bringen, wo du hin willst. Oft reicht es, dass ein anderer bereits dort ist.

Lederfauteuil, ahoi!

Ich schlendere betont langsam Richtung Besprechungsraum, als könne ich das Meeting aufhalten, indem ich nicht komme, was aber noch mehr Stress verursacht, weil ich auf halbem Weg feststelle, dass ich nur noch eine Minute habe. Jetzt muss ich auch noch laufen, ganz toll!

Obwohl es nur ein paar Meter sind, komme ich völlig erschöpft an. Herr Mag. Braunstätter (so heißt mein Chef) schüttelt mir die Hände, er umschlingt meine eiskalten Pfoten so vereinnahmend, dass ich mich ganz klein fühle. Unsicher stehe ich im Raum, bis er mir einen Platz anbietet, wo ich mich ungeschickt reinplumpsen lasse, und ja, - plumpsen ist das richtige Wort, ich hänge wie ein Kartoffelsack in diesem unbequemen Sessel und weiß gar nicht, wie ich hier eine gute Figur machen soll.

Ich wette, das macht der Braunstätter mit Absicht! Damit er sich noch besser fühlt, dieser Wichtigtuer! Gott sei Dank hat mich Elsa vorher noch an meine Mappe erinnert, sonst hätte ich die bestimmt auch noch vergessen ... Er sitzt da wie ein Pascha mit den Händen über dem Kopf, als ob er schon wüsste, dass ich versagen würde. Verlegen wegen des Alkoholgeruchs und möglichst bemüht, ihn nicht anzuatmen, zeige ich ihm meine Unterlagen für die Präsentation.

Und gerade jetzt fällt mir auf, dass ich nicht mehr auf der Toilette war, heute ist echt nicht mein Tag! Einen Moment lang sieht es so aus, als würde ihm meine Arbeit wirklich gefallen, doch dann tippt er wie ein Wahnsinniger vor meiner Nase auf meinen Unterlagen rum. Ich hab keine Ahnung, was genau ich falsch gemacht habe, bin völlig von der Rolle.
Ich habe aus lauter Nervosität leider nicht mitbekommen, was er eigentlich von mir wollte, und werde immer kleiner, während er sich halb über mich beugt, um noch genauer hinsehen zu können, - ich hoffe, er riecht meinen Atem nicht! Endlich ist es vorbei. Jetzt muss ich nur noch die Präsentation gut überstehen. Dann ist der Tag gerettet, naja, nicht ganz, diese Frau will mir einfach nicht aus dem Kopf gehen, dabei weiß ich nicht einmal, ob wir miteinander geschlafen haben ...

Ich sitze schon wieder wie paralysiert da, nicht wegen meines Chefs, sondern weil ich versuche mich zu erinnern ... ich schaffe es einfach nicht. Ich habe, ehrlich gesagt, keine Ahnung, was der Braunstätter in den letzten paar Minuten gesagt hat, ich weiß nur, dass ich jetzt einfach gehen darf und noch Zeit habe, mir Gedanken drüber zu machen, was ich den Leuten nachher erzähle.

Langsam schlendere ich zurück in mein Büro, diesmal nicht, weil ich denke, etwas aufhalten zu können, sondern weil ich so dringend aufs WC muss, dass ich Angst habe, mir andernfalls in die Hose zu pinkeln. Mein Blick fällt auf meine Füße und ich frage mich, ob sie meine löchrige Socke, die ich heute Morgen nicht finden konnte, bereits gefunden hat.

Es kann noch schlimmer kommen, ja das geht! Ich stehe vorm Pissoir und denke mir nichts Böses, warum denn auch, und auf einmal läutet mein Handy ... In meiner Not versuche ich mit der nicht beschäftigten Hand das Ding aus meiner Hosentasche zu pulen und zack, genau in dem Moment geht die Tür auf, mein Chef steht vor mir!

Ich erschrecke natürlich wahnsinnig und naja, was soll ich sagen, jetzt liegt ein läutendes schwarzes Etwas an einem Ort, an dem es besser nicht liegen sollte. Super, der blöde Braunstätter grinst natürlich wie ein Honigkuchenpferd und klopft mir väterlich auf die Schulter.

Verhandlungen

Besonders wenn es um wichtige Meetings geht, lenken viele ihren Fokus auf den Inhalt des Gespräches. Dabei gilt auch hier die Faustregel: Nonverbale Kommunikation ist ausschlaggebend! Dennoch ist es gerade in der Berufswelt unerlässlich, auch genau auf den Inhalt der Botschaft zu achten.

Beim Sprechen selbst lassen wir nämlich gerne inhaltliche Informationen weg, verallgemeinern oder verzerren. Auf diese Weise entspricht eine gesendete Nachricht oft nicht mehr ganz dem eigentlich gemeinten Inhalt. Hierdurch entstehen Missverständnisse in der Kommunikation. Das macht es notwendig, diese verloren gegangenen Informationen wieder zurückzugewinnen, sollte es nötig sein.

Im NLP kennen wir hierzu das Meta Modell. Es geht davon aus, dass wir unsere Oberflächenstruktur, also Gestik, Mimik und Sprache, gemäß unserer Tiefenstruktur, also den inneren Werten und Glaubenssätzen, anpassen. Die „Landkarte", die jeder für sich in seinem Kopf kreiert und die deshalb auch bei jedem Menschen unterschiedlich ist, wird durch Informationen aus unseren 5 Sinneskanälen aufgenommen.

Die Eindrücke dieser Kanäle werden erneut gefiltert, bevor sie sich in unseren bewussten und unbewussten Glaubenssätzen äußern. Nutzen wir das Meta Modell, um besser zu kommunizieren, dann bedeutet das: Wir gewinnen Informationen mit der Absicht, eine präzise und vollständige Beschreibung des vom Sprecher präsentierten Inhalts durch spezielle Fragen zu erlangen. Dieser Prozess hilft dabei, die Verbindung zwischen der Sprache des Sprechers und seiner vollständigen Erfahrung wiederherzustellen. Infolgedessen sorgen wir dafür, dass sowohl unsere als auch die Botschaft des Gegenübers so ankommt, wie sie gemeint ist. Das ist unserer Meinung nach erfolgreiche Kommunikation.

Wir unterscheiden im Großen zwischen drei Arten der Informationsverarbeitung. Oft ist es nötig, bestimmte Inhalte wegzulassen, da wir sonst ewig brauchen würden, um Gedanken zu vermitteln. Dennoch führt dieses Weglassen oder Abändern von Informationen, das meist implizit verstanden wird, ab und an zu Kommunikationsschwierigkeiten. Um auf diese besser reagieren zu können, behandeln wir hier kurz die drei wichtigen Arten der Verarbeitungsprozesse von Inhalten: Tilgung, Generalisierung und Verzerrung. Im Folgenden findest du diese drei kurz umrissen mit Beispielen zu typischen Sprachmustern und der darauf folgenden Meta-Modell Frage, um die nötige Information zu erhalten.

Tilgung
Hier wird Information weggelassen, die jedoch relevant für den Inhalt ist. Um nicht am anderen „vorbei" zu sprechen, ist es wichtig, nachzufragen, was genau gemeint ist.

- **Nominalisierung**
  o Ich will mehr Sicherheit – Wie genau willst du sicher sein?
  o Ich brauche Unterstützung – Wie genau sollst du unterstützt werden?

- **Unspezifische Verben**
  o Meine Schwester ärgert mich – Wie ärgert sie dich?
  o Mein Projekt langweilt mich – Wie genau macht es das?

- **Einfache Tilgung**
  o Ich bin wütend – Worüber?
  o Ich habe Angst – Wovor hast du Angst?

- **Vergleichende Tilgung**
  o Ich bin besser – Worin?
  o Er hätte schlechter gearbeitet – nach welchem Maßstab?

- **Unspezifischer Bezugsindex**
  o Das Meeting war sinnlos – Für wen? In Bezug worauf?
  o Einer hat uns sabotiert – Wer hat sabotiert? Wer ist „uns"?

Generalisierung

Hier wird vom Kleinen aufs Große geschlossen. Eine Erfahrung, die einmal gemacht wurde, wird zwangsläufig wieder im gleichen Ergebnis enden – oder nicht? Um zu testen, ob es auch anders möglich wäre, empfehlen sich Fragen wie „Ist es wirklich immer so?" oder „War es auch schon einmal anders?"

- **Universelle Quantifizierung**
  o Wir streiten uns immer – Wirklich immer?
  o Alle haben gelacht – Haben die anderen schon einmal nicht gelacht?

- **Modaloperator der Notwendigkeit**

  o Ich sollte – Wirst du dazu gezwungen?
  o Ich muss – Wie wäre es, wenn du es nicht machst?

- **Generalisierter Bezugsindex**
  o Bankberater sind inkompetent – Welche Berater genau?
  o Autohändlern ist der Kunde egal – Auf welchen Händler beziehst du dich?

Verzerrung

Unser Gehirn behält gerne Recht – dafür ist es da! Aber manchmal trickst es uns auch aus. Die rosarote Brille, mit der Verliebte ihre Auserwählten sehen, ist ein Beispiel, aber auch die immer schlechte Laune eines Schwarzsehers. Es gibt nun einmal mehrere Perspektiven für ein und denselben Sachverhalt und eine Verzerrung lässt sich gut mit Reframing auflösen – eine Technik, die wir gleich näher besprechen.

- **Fehlender Performativ**
  o Sie hat es nicht verstanden – Woran erkennst du das?

- **Ursache – Wirkung**
  o Mein Job schafft mich völlig – Wie kann dein Job dich schaffen?
  o Wenn ich mit ihm spreche, verliere ich Zeit für Wichtigeres – Wie genau bewirkt er, dass du Zeit verlierst?

- **Komplexe Äquivalenz**
  o Weil er mir nicht in die Augen sieht, bedeute ich ihm nichts – Hast du schon einmal jemandem etwas bedeutet, auch wenn er dir nicht in die Augen gesehen hat?
  o Der Chef hält mich für inkompetent, weil er den Auftrag einem Kollegen gegeben hat – Nur wenn du Aufträge erhältst, bist du kompetent?

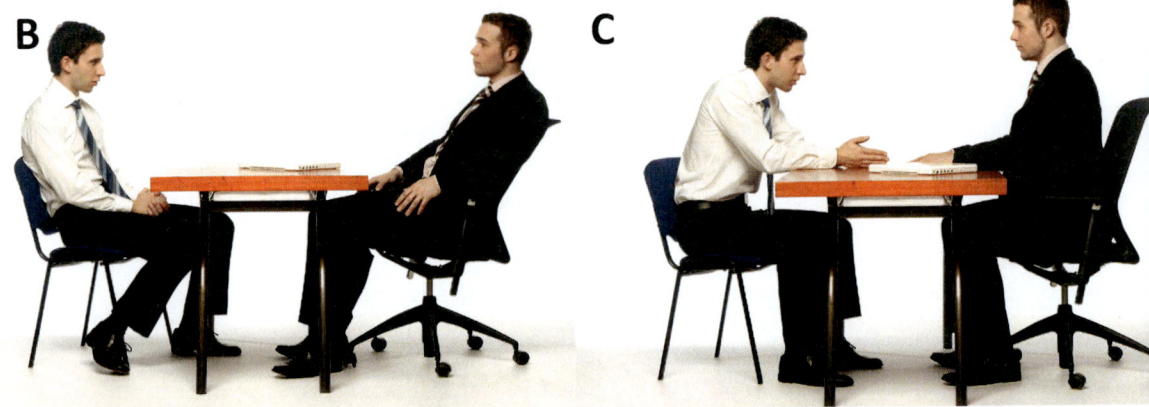

A

B

C

$\mathcal{U}$bung: Meta Modell 1

Was du dazu brauchst: Stift und Papier.

Was zu tun ist: Stell dir vor, da gibt es einen Job, eine super Position, genau das, was du dir schon immer gewünscht hast. Schreibe eine Bewerbung! Möglichst eindrucksvoll, mit tollen Worten und sage so wenig wie möglich.
Baue so viele Tilgungen, Verzerrungen, Nominalisierungen, Vorannahmen, Modaloperatoren etc. wie möglich in deinen Text ein. Mach es wie die Politiker: viel reden, toll klingen, aber in Wahrheit ist kaum Information dahinter.

Reflexion: Wie ist es dir damit gegangen? Erinnert dich dein Text an die Art, wie sich ein bestimmter Mensch in deinem Umfeld (kann auch im Fernsehen sein) ausdrückt?

Der Sinn dahinter: Entwickle ein Gefühl für das Milton Modell und erkenne, wo es angewendet wird!

A Beide Parteien sitzen sich abwartend gegenüber. Der Vorgesetzte ist eindeutig entspannter, nimmt mehr Raum ein und hat den höheren Status. Der Mitarbeiter hält den Kopf gesenkt und die Hände in der „Bitte"-Stellung.

B Der Status sinkt weiter durch das Einhaken der Füße im Stuhl und das verkrampfte Zusammenhalten der Hände.

C Die Bittstellung wird offensichtlicher. Vorgebeugte Haltung und unterwürfige Gesten zeugen von dem klar tieferen Status des Mitarbeiters.

D Nun geht der Angestellte etwas zurück, richtet sich auf. Die Führungskraft ist am Zug und steigt in das Gespräch ein, was die vorgelehnte Körperhaltung verdeutlicht. Man begibt sich schrittweise auf die gleiche Ebene - ein gutes Zeichen.

E Das Eindringen in das Territorium des anderen ist ein klarer Eingriff in den Machtbereich dessen, der sich in Erklärungsnot befindet. Offene Hände nach oben demonstrieren: Ich habe nichts zu verbergen und / oder keine Schuld.

F Während sich der Mitarbeiter abgrenzt (Gatter der Hände und gesenkter Blick zeigen geistige Abwesenheit), ist der Vorgesetzte bemüht, Druck auszuüben und die Sache langsamer anzugehen. Er wehrt mit seiner Gestik leicht ab.

G Das Abstützen am Tisch und die Mimik strahlen Skepsis aus und eine Beharrlichkeit, was die eigene Position angeht. Ein genauerer Blick auf die Sitzposition offenbart jedoch, dass der Status zu kippen droht. Das Sitzen auf der Sesselkante zeugt von Nervosität und das Gleichgewicht verlagert sich auf die Fußspitzen.

H Die Verabschiedung beginnt mit einem einfachen Handschlag, bei dem beide mit festem Stand gleichberechtigt dastehen.

I Nun übt der Angestellte jedoch leichten Druck aus und die Führungskraft gibt etwas nach, lässt sich „auf die Seite" des anderen ziehen. Die geballte Faust zeugt davon, dass dies womöglich unangenehm ist.

D

F

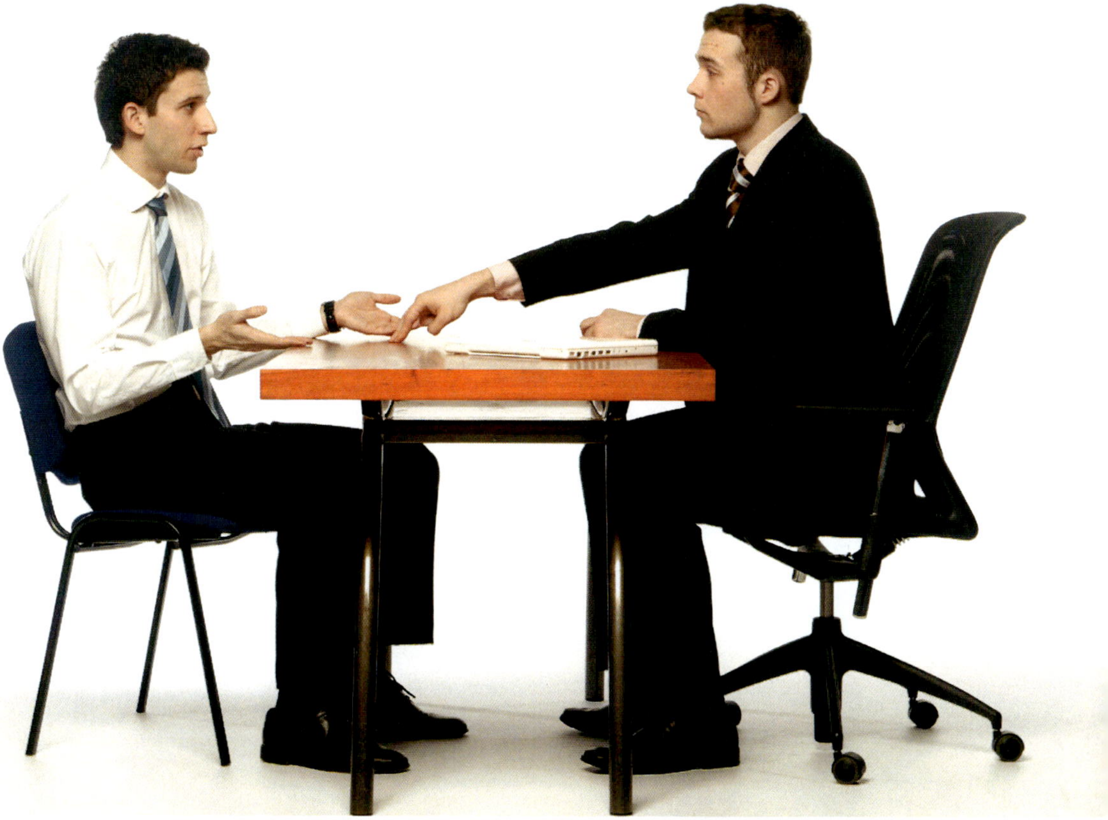

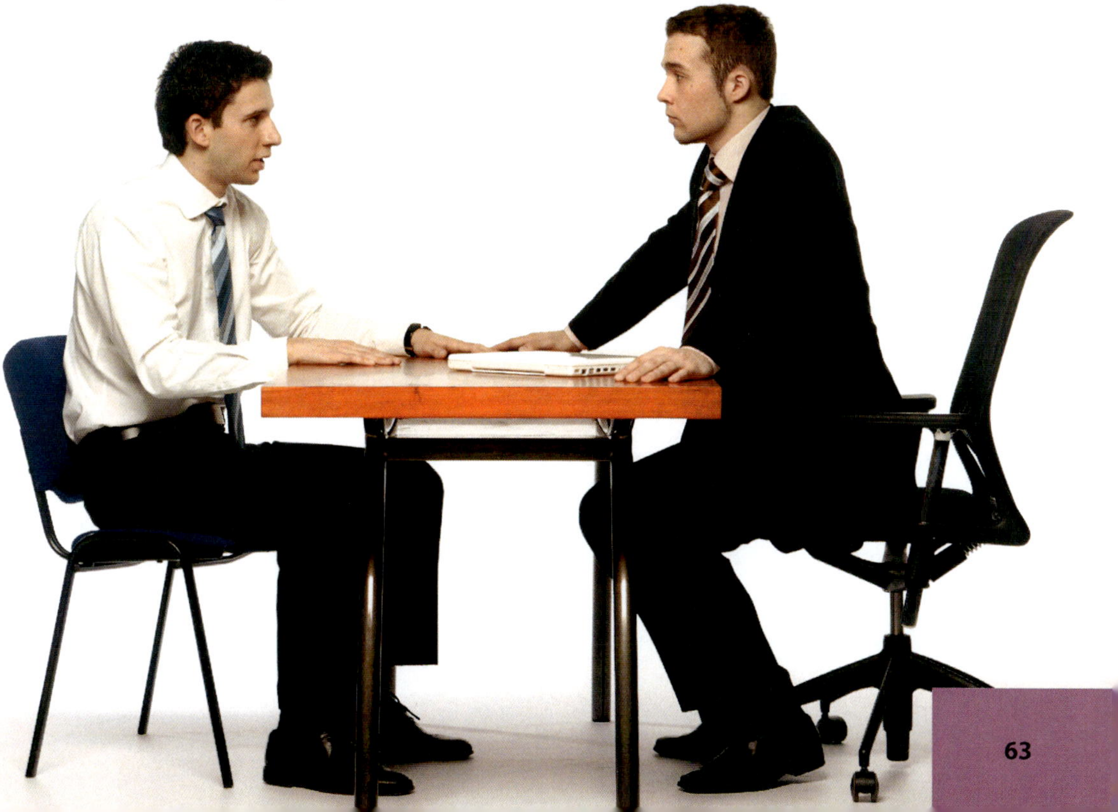

H

! Die Verabschiedung beginnt mit einem einfachen Handschlag, bei dem beide mit festem Stand gleichberechtigt dastehen.

J Hier hat es jedoch angenehme Konsequenzen eines offenbar erreichten Konsenses, ebenso lockert sich unbewusst die vorher zur Faust geballte Hand des Vorgesetzten.

Verhandlungen

I

J

!

Nun übt der Angestellte jedoch leichten Druck aus und die Führungskraft gibt etwas nach, lässt sich „auf die Seite" des anderen ziehen.

Verhandlungen

Bei Verhandlungen ist es von Vorteil, aus einer guten Position heraus zu starten – das wissen vor allem Leistungssportler. Begib dich also auf eine gleiche Ebene mit deinem Gesprächspartner und adaptiere seine Verhaltensweisen, um Sympathie zu erzeugen. Je nach Situation nimmst du einen nur leicht höheren oder tieferen Status ein.

Bei größeren Gruppen empfiehlt es sich, als klare Autorität aufzutreten, die jedoch auch den Blick für das Wesentliche hat. Du kannst hierfür den Platz zuweisen, dein Territorium möglichst groß gestalten (Status ist Raum und Zeit), dich zurückgelehnt und entspannt hinsetzen und eine angenehme, ruhige Stimme und Gestik zeigen.

Um nicht nur nonverbal Rapport zu erzeugen, sondern auch inhaltlich zu einem Konsens zu finden, eignet sich Reframing besonders gut. Die Fähigkeit, ein Verhalten oder eine Situation aus unterschiedlichen Perspektiven zu beleuchten, macht unseren Geist frei und beweglich. Trainierst du dies, wirst du deine Wahlmöglichkeiten in schwierigen Situationen erheblich steigern.

Diese Technik beschäftigt sich mit dem Umdeuten von Inhalten, Bedeutungen, dem Kontext und ist generell ein gutes inhaltliches Verhandlungswerkzeug.

"Es gibt nichts, das an sich gut oder schlecht wäre, nur das Denken macht es so." - William Shakespeare

$\mathcal{U}$bung: Meta Modell 2

Was du dazu brauchst: Die Bewerbung, welche du in der vorherigen Übung geschrieben hast.

Was zu tun ist: Nimm dir diesen Text jetzt noch einmal vor und stelle Fragen, um an die eigentliche Information zu kommen.

Schreibe dir die Fragen auf und versuche sie so gut wie du nur kannst für dich selbst zu beantworten.

Reflexion: Stellst du solche Fragen in deinem Alltag? Wie geht es dir damit, diese Fragen zu stellen? Was kommt dabei heraus, wenn du sie beantwortest?

Der Sinn dahinter: Entwickle ein Gefühl für das Meta Modell und erkenne, wo und wie es angewendet wird.

Hinterfrage in Zukunft Dinge, die dir nicht klar sind (sei dabei vorsichtig, zu viele Fragen werden oft als nervig empfunden).

Mit einem kaputten Handy, es war natürlich meine Mutter und nicht die Göttin mit dem goldenen Haar von heute Morgen, sitze ich in meinem viel zu großen Ledersessel, wobei ich mir langsam wirklich Sorgen mache, wie meine Karriere hier weitergehen soll ...
Warum warnt einen eigentlich keiner davor, dass man so unangenehm riecht, nachdem man Alkohol getrunken hat? Ich stehe am offenen Fenster und versuche in leichter Verzweiflung mich durchlüften zu lassen, - sollte das jemand nachmachen wollen, sag ich besser gleich dazu: es funktioniert nicht!
Na, wenigstens hab ich keine Zeit mehr darüber nachzudenken, was bei der Präsentation alles schief gehen könnte.

Präsentation

Präsentierst du vor Gruppen, ist das entscheidende Kriterium die Anzahl der Zuhörer. Davon machst du sowohl die Art deiner Präsentation, den Aufbau des Inhalts als auch das Setting abhängig.

A Die Hände in der Hosentasche sind an sich kein negatives Signal, werden aber häufig (und fälschlicherweise) als Unsicherheit interpretiert.

B Hast du, vor allem im geschäftlichen Kontext, das Bedürfnis, die Hände in die Seite zu stützen, dann heb damit deinen gesamten Oberkörper an und zeige deine Hände nach außen hin, anstatt sie in den Taschen verschwinden zu lassen.

C Ein entspannter, lockerer Stand ist bei Männern schulterbreit und bei Frauen locker voreinander gestellt. Die Fußspitzen zeigen in Richtung des Publikums und die Arme sind offen.

Bei kleineren Gruppen präsentierst du meist ohne viel technisches Equipment: Mikrofon, Lautsprecher, Mischpult, all das fällt oft gänzlich weg. Manche Sprecher nutzen sie dennoch, da sie dem Vortragenden eine subbewusste Fachkompetenz zuschreiben. Immerhin stehst du schon vorne, die anderen hören dir zu – wenn du noch ein Mikrofon, am besten ein Headset, trägst, wird dir automatisch Autorität zugesprochen. Diese Kompetenz kannst du jedoch auch erzeugen, indem du während des Vortrages ab und zu relevante Personen einbin-

dest und diese Fremdreferenz nutzt, um unbewusst aufzuzeigen: Du bist Teil des Teams und zugleich verantwortlich für die guten Ergebnisse. Dir wird auffallen, dass du, wenn du ein Mikrofon nutzt, seltener mit Fragen aus dem Publikum konfrontiert wirst – selbst dann, wenn die Lautsprecher nicht aktiv sind.

Das ist logisch, wenn du bedenkst, welche gesteigerte Erwartungshaltung du mit deinem Mikro erzeugst und dass deine Zuhörer dich nicht in deinem wichtigen Vortrag unterbrechen wollen.

Wünschst du hingegen die aktive Teilnahme des Plenums, dann solltest du entweder das Mikrofon weglassen oder ausdrücklich darauf hinweisen, dass Fragen während der Präsentation gestellt werden sollen, - und vor allem kannst du die Stühle so anordnen, dass eine bestimmte Gruppendynamik entsteht:

*Ü*bung: Walt Disney Methode

Was du dazu brauchst: 4 Sessel, die als Raumanker dienen, werden aufgestellt. Jeder Sessel steht für einen Blickwinkel (Träumer, Kritiker, Realist). Der 4. Stuhl symbolisiert Neutralität. Hier wird das Vorhaben, die Idee vorgetragen. Du kannst auch unterschiedliche Plätze in deiner Wohnung zu deinen persönlichen Raumankern machen. Beachte hierbei, dass diese auch in Zukunft die unten vorgestellten Denkprozesse in Gang setzen werden.

A

Was zu tun ist: Finde eine Idee, eine Vision, über die du schon länger nachdenkst. Etwas, wozu du dich bisher noch nicht entscheiden konntest und beleuchte dein Ziel oder dein Vorhaben aus drei Blickwinkeln:

1. Aus der Perspektive des Träumers:

Der Träumer ist enthusiastisch, hat viele Ideen, träumt mit offenen oder geschlossenen Augen, lässt seinen Wünschen freien Lauf. Er orientiert sich dabei aber nicht daran, ob die Ideen praktisch umsetzbar und realistisch sind. Der Träumer ist der Ideenlieferant.

2. Aus der Perspektive des Kritikers:

Das Ergebnis wandert vom Träumer zum Kritiker. Wie Kritiker eben sind, sieht er alles sehr kritisch, sucht Schwachpunkte und Fehler.

3. Aus dem Blickwinkel des Realisten:

Der Realist fragt sich dann, wie man die Aussagen des Träumers und des Kritikers auf einen gemeinsamen Nenner bringen kann. Der Realist denkt praktisch, stellt dann einen Plan auf und erörtert, welche Ressourcen dafür notwendig sind.

Reflexion: Wie unterschiedlich waren deine Sichtweisen in den drei Betrachterpositionen? Was hat sich durch das Beleuchten der Thematik aus den verschiedenen Blickwinkeln für dich geändert?

Der Sinn dahinter: Die wohl wichtigste von Disneys Erfolgsstrategien war, dass er die drei verschiedenen Phasen eines Projektes – träumen, kritisieren, realisieren - räumlich und zeitlich voneinander trennte, indem er jeweils eine Abteilung mit mehreren Mitarbeitern mit der einzelnen Phase beauftragte, bevor das Projekt umgesetzt wurde.

Das kannst du für deine eigenen Träume, Visionen und Gedanken ebenfalls durchführen. Diese Übung hilft dir, ein neues Vorhaben von unterschiedlichen Positionen aus zu betrachten.

Mit Hilfe des Setting entsteht also eine bestimmte, von dir bewusst kontrollierbare Atmosphäre beim Publikum. Je nach Stimmung werden deine Zuhörer öfter in Uptime oder Downtime sein und mehr oder weniger aktiv mitarbeiten.

Dies ist natürlich sinnvoll zu berücksichtigen, wenn du entweder Gesprächshypnose vor großen Gruppen einsetzen willst oder ein Brainstorming im kleinen Teamrahmen planst.

Oft werden im beruflichen Alltag zur Unterstützung der Präsentation Folien verwendet, die über Beamer projiziert werden. Tatsächlich ist dies jedoch je nach Zielsetzung mehr oder weniger vorteilhaft. Denn es gibt keine effektivere Methode Menschen schnell in Trance zu führen als eine möglichst bunte und bestenfalls noch animierte Präsentation mit viel Text.

Da der Fokus der Zuhörer jedoch auf dir und nicht dem Beamer liegen sollte, beschränke dich in Zukunft auf die wesentlichsten Fakten, falls du die Folien nicht sogar gänzlich weglassen kannst.

Besser arbeitest du dann schon mit einem Flip Chart. Hier nutzt du ebenfalls möglichst wenige Bögen und beschreibst sie jeweils nur mit den wichtigsten Stichworten; drei bis fünf Worte pro Seite sind das Maximum!

Je weniger Ablenkung du bietest, desto mehr werden sich die Zuhörer auf deine eigentliche Präsentation konzentrieren. Benötigst du tatsächlich Folien zwecks Inhalts oder grafischer Darstellung, dann nutze Overhead Folien oder Beamer in schwarz/weiß Modus. Dadurch werden die Augen nicht so stark beansprucht und sind weniger belastet als bei einer krassen Farbwahl.

D Indem du schwierige Grafiken auf dem Flip Chart hauchdünn mit Bleistift vorzeichnest, ist dir möglich, diese später korrekt und genau nachzuziehen.

E Achte darauf, die Linie möglichst dünn zu halten, denn wenn du sie später zum Zeichnen brauchst, wirst du sie aus der Nähe sehen – nicht das Publikum.

F Deine Haltung ist beim Beschreiben des Flip-Charts seitlich und gibt die Möglichkeit, dir beim Schreiben zuzusehen.

G Du unterstreichst damit den Eindruck, exzellent vorbereitet zu sein, indem du souverän auch schwierigere Grafiken aufzeichnest.

Arbeitest du mit anderen Medien, solltest du diese auch im Auge behalten, wenn sie bereits funktionieren: ein Beamer kann ausfallen oder du klickst unabsichtlich einmal zu oft und die Folie hinter dir passt inhaltlich nicht mehr. Beim Flip Chart und Overhead Folien schließt du diese Fehler von vornherein aus.

Als Grundregel der Präsentation gilt: **Du sprichst nur, wenn du das Publikum direkt ansiehst.** Wenn du auf das Flip Chart schreibst, dir ein Stift hinunterfällt und du ihn aufhebst oder du dich nach hinten zur Beamerprojektion umdrehst, tu es entspannt und in Ruhe, ohne dabei weiterzusprechen. Nimm dir die Zeit und den Raum, den du für einen hohen Status benötigst.

In der Farbwahl deiner Flip Chart-Stifte greifst du zu Grün und Blau, denn mit Rot wird oft eine Regression verbunden, besonders wenn nicht nur Stühle, sondern auch Tischreihen wie in Schulzeiten angeordnet sind.

Wähle einen möglichst dicken Stift, damit die Schrift auch aus der letzten Reihe gut zu erkennen ist und schreibe möglichst groß.

H, I Sprichst du von großen Dingen, drücke dies auch nonverbal aus und ziehe die Worte verbal, mit einer tiefen Stimme, in die Länge.

J Dabei kann es sich um Trends handeln oder Zahlen.

K, L Kleine Dinge sind nicht nur in der Gestik klein: auch deine Stimme wird flach und etwas höher.

Präsentation

D

E

M Deine Gestik und die Art, wie du sprichst, bestimmt die Relation. So werden aus früher nicht ganz so positiv aufgenommenen Ergebnissen plötzlich sehr gute.

N, O Die Wirkung bei den Teilnehmern erhöht sich durch ausholende Bewegungen genauso wie durch pointierte.

P Je mehr Dynamik du einbringst, desto besser fühlen sich die Zuhörer abgeholt.

Bei größeren Gruppen wirst du eine Theaterbestuhlung und ein Funk-Headset Mikrofon bevorzugen. Wenn sich die Stühle verschieben lassen, am besten in der Aufstellung „Fischgräte" (auch als „Chevron" bekannt).

Hierbei sind die Reihen parallel angeordnet wie bei einer normalen Theaterbestuhlung, laufen zur Mitte hin aber leicht schräg zu, sodass die äußeren Stühle einer Reihe weiter vorne Richtung Bühne stehen und die Stühle im Mittelgang etwas weiter von der Bühne weg.

Dadurch hast du einen optimalen Überblick über dein Publikum und schaffst Möglichkeit für Uptime wie auch Downtime, wenn sich manche kurzzeitig hinter andere Teilnehmer „zurückziehen" wollen.

Diese Downtime kannst du verstärken, indem das Licht im Saal gedimmt wird. Dadurch entsteht der Eindruck des Zwielichts, an der Grenze zur Dunkelheit, sodass du zwar den Saal überblicken kannst, aber dennoch ein Gefühl der Wärme und Zurückgezogenheit möglich ist. Die Theateratmosphäre kannst du durch Spots, die auf dich gerichtet sind, verstärken.

Wirst du von einem anderen Sprecher dem Publikum vorgestellt, so sprich dich vorher ab, wie du angekündigt werden möchtest. Ansonsten stell dich selbst vor, wenn du noch nicht allen bekannt bist.

Dadurch ermöglichst du einerseits den Zuhörern, sich auf dich und deine Stimme einzustellen und hast andererseits die Möglichkeit, die Teilnehmer abzuholen.

Q Entferne alle Gegenstände vor dem Vortrag aus deinen Taschen, ansonsten wirken deine Proportionen verfälscht. Ebenso achte auf einen sicheren und festen Stand.

R Diese zwei Negativbeispiele zeigen gesenkte Schultern und Kopf, eingeknickte, verschränkte Beine und unsichere Armhaltung. Ein abgewendeter Körper wird ebenso oft als Unsicherheit interpretiert.

Während für die Zuhörer nach außen hin ein Vortrag ganz „normal" abläuft und sie auf die inhaltliche Ebene fokussiert sind, kannst du diesen Zustand eingeschränkten Bewusstseins nutzen, um unbewusst bestimmte Gefühle zu erzeugen und zu ankern.

So kannst du gute Ergebnisse auf dich selbst ankern und negative weg von dir.

> **!** Deine Haltung ist beim Beschreiben des Flip-Charts seitlich und gibt die Möglichkeit, dir beim Schreiben zuzusehen.

I

L

N

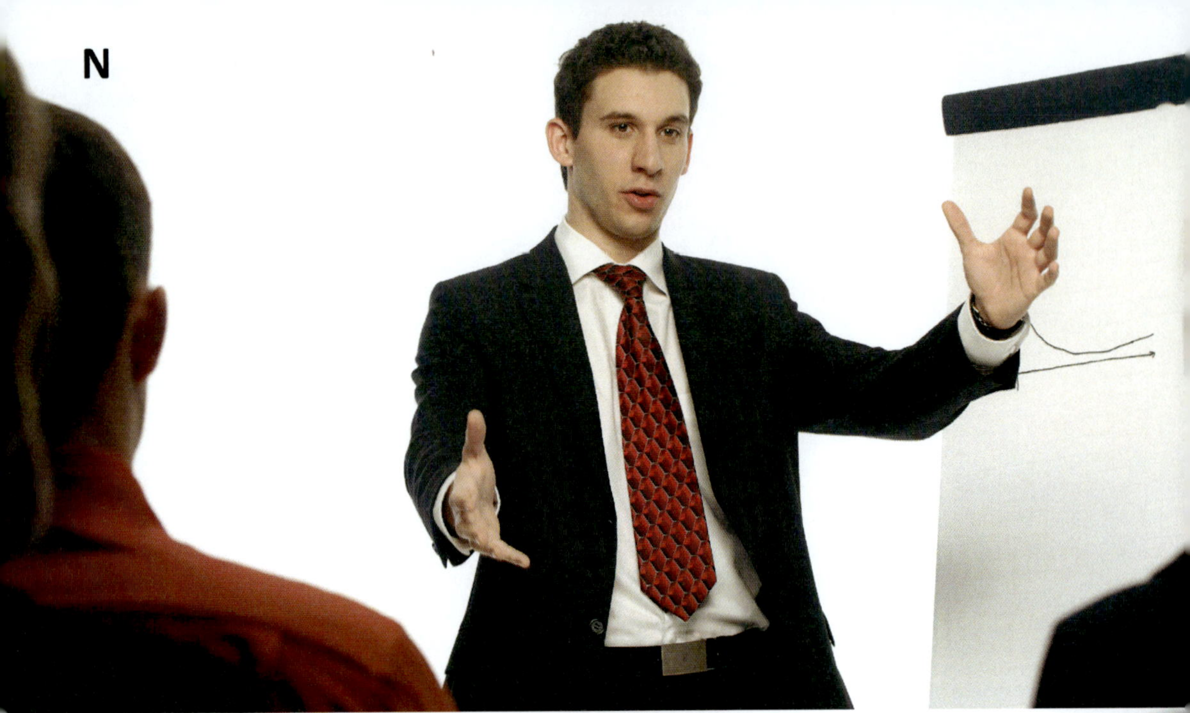

O

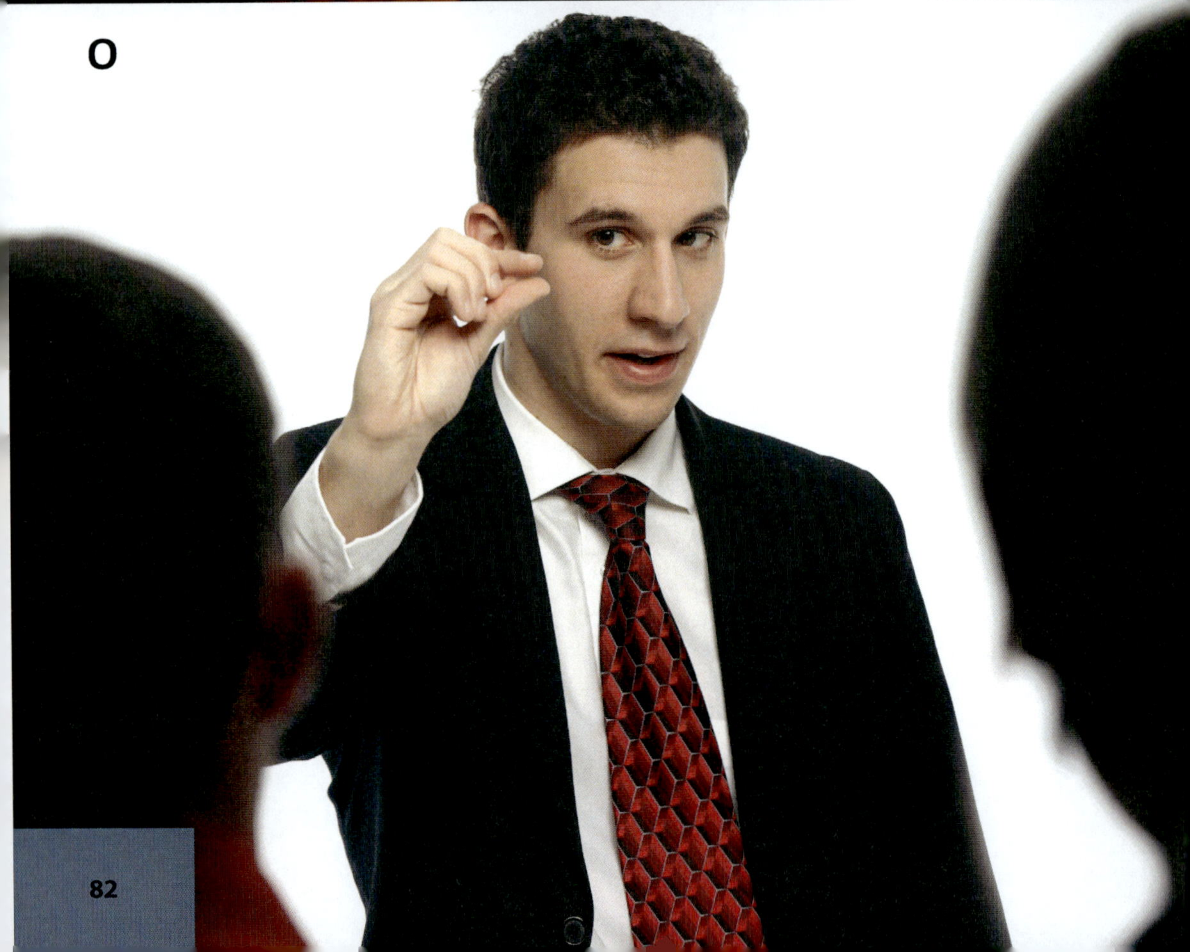

Damit du möglichst viele Menschen erreichst, ist es sinnvoll, mehrere Anekdoten und kürzere Geschichten zu erzählen, um die Teilnehmer abzuholen. Diese Möglich-keit bietest du durch Identifizierung mit deiner Person.

Indem du also von schönen Erlebnissen erzählst und dir so früh wie möglich viele Lacher einfängst, ist dir durch Sympathie und Anteilnahme der anderen sicher, dass sie deine späteren Programmierungen positiv annehmen werden. Dies kannst du erreichen, indem du, während

du beispielsweise Aktionen, die du in Zukunft von deinem Team erwartest, ansprichst und währenddessen deine Gestik nutzt, um das Publikum direkt einzubinden.

Später nutzt du dieselbe Geste, während du von Konzentration und Motivation erzählst, und verknüpfst dadurch das Gefühl von Leistungsbereitschaft mit deinen Zuhörern. In der Gesprächshypnose setzt du teilweise Metaphern ein, um das Unbewusste noch besser zu programmieren.

Q **R**

Hierbei wirst du bestimmte Wortfetzen teilweise anders betonen (kaum hörbar), und sie dadurch analog markieren. Du kannst dir vor deinem geistigen Auge vorstellen, wie die Worte, die du einbauen möchtest, hell aufleuchten, während du sie sprichst.

Mit dieser Technik und der eingesetzten Gestik erzeugst du „eingebettete Befehle" (embedded commands), also unbewusst aufgenommene Anweisungen an das Publikum.

Dies kannst du ebenso einsetzen, indem du einen unbemerkten Wechsel in der Erzählerperspektive durchführst und dann

mit spezieller tonaler Hervorhebung der erwünschten Begriffe (hier unterstrichen dargestellt) und zusätzlicher Gestik zum Publikum hin, was zeitgleich als Anker dient, arbeitest.

S Wenn du von Emotionen erzählst, sei dir bewusst, dass negative Gefühle oft in Brust und Halsgegend sitzen und beengend sind.

T Deshalb deutest du nonverbal auf den Bauchbereich und Solarplexus, wo gute Gefühle nach oben aufsteigen.

Du beginnst zum Beispiel von einem Wanderer zu erzählen: „(...) und als dieser Mann, der nun schon mehrere Tage lang

Präsentation

allein unterwegs war, plötzlich auf einen anderen Menschen stieß, mitten in der Wildnis, als er selbst schon kurz vor dem Zusammenbruch war und völlig ausgehungert, abgemagert und mit trockener Kehle, das Gesicht zerschnitten vom eisigen Wind; da sprach er zu sich: „Diesen Weg habe ich selbst für mich gewählt. Jeder Schritt in meinem Leben hat mich letzten Endes hierher geführt. Die Frage ist aber nicht, wieso ich hier bin, sondern wie ich bestmöglich mit dieser Situation umgehen kann!"

Und so schritt er, von einem Moment auf den anderen mit mehr Energie und Kraft erfüllt als je zuvor, absolut konzentriert und fokussiert auf den anderen zu und (...).“

Diese kurze Metapher ist vielseitig einsetzbar, beispielsweise im Kontext der Akquise wie auch für den Abbau sozialer Ängste oder den Aufbau von Motivation und Empathie. Sie lässt sich beliebig weiterspinnen und ausbauen oder verändern. Immerhin kommt es nicht auf den Inhalt an, sondern darauf, was du daraus machst.

Unterstreichst du deine analogen Markierungen noch zusätzlich mit Downward Inflection, dann bist du bald ein Meister im Kontrollieren von Gemütszuständen. Die eben angesprochene Technik bezieht sich

Präsentation

auf die Betonung von Sätzen und unterscheidet dabei drei Arten:

Geht deine Stimme am Ende eines Satzes
• nach oben, stellst du eine Frage
• bleibt sie monoton, ist es eine Feststel-
lung
• nach unten, ist es ein Befehl

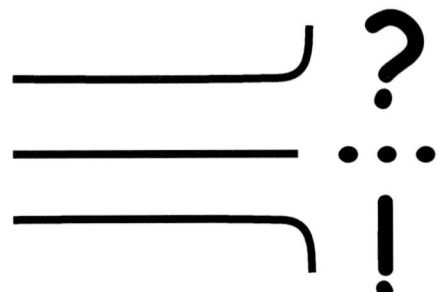

Applaus für die Alkoholleiche

Ich mache mich auf den Weg ins Besprechungszimmer, leider immer noch stinkend, betrete ich
diesen großen hellen Raum, ich bin noch nie vorne
gestanden, vor allen, fühlt sich ein bisschen so an,
als würde man vor Gericht stehen. Flipchart und
Beamer sind schon aufgestellt, Gott bewahre,
hätte ich das tun müssen!

Das wäre peinlich geworden, wenn man farben-
blind ist, sollte man keine Kabel zusammenstecken
– das hat mir mein neuer super Hightech Fernse-
her beigebracht, also meiner ist übertrieben, ich
hab ihn zwar gekauft, aber seitdem ich versucht
habe ihn anzuschließen, steht er bei der Firma
zur Reparatur, und da soll noch einmal einer
sagen, dass die neue Technik nur Vorteile bringt,
Blödsinn!
Elsa, die ja, wie ich vorhin festgestellt habe, gar
nicht so beängstigend ist, kommt, gefolgt von all
den anderen Lackaffen ins Besprechungszimmer.
Lustig anzusehen, irgendwie erinnert mich das an
den Zoo, der Braunstätter ist eindeutig ein stolzer
Löwe und der Komische aus der Finanzabteilung
... Hoppla, hab mich schon wieder in Gedanken
verloren, ich sollte vor wichtigen Terminen nichts
trinken, Memo an mich: rette die langweiligen
Fernsehabende (zumindest der Karriere zuliebe).
Endlich sitzen alle und ich steh hier vorne, allein,
ganz allein mit meinem Restalkoholspiegel.
Ich begrüße alle und bin ganz erstaunt, dass sie
mir wirklich zuhören. Meine Stimme ist gar nicht
so zittrig, wie sie eigentlich sein müsste, wenn
man bedenkt, was heute schon alles passiert ist
... Ich erzähle von den Verkaufszahlen und warum
wir die Kampagne genau so durchführen müssen,
aber ehrlich gesagt, denke ich noch immer über
gestern Nacht nach, man sagt ja immer, dass
einem Dinge genau dann einfallen, wenn man es

am wenigsten erwartet, nur will ich jetzt nichts
davon hören, dass ich ja eigentlich warte, aber
ich finde der Augenblick wäre günstig. Weil mir
sonst schwindlig wird, konzentriere ich mich auf
die Topfpflanze hinter der netten Elsa und um
nicht umzufallen, stehe ich fast schon ein bisschen
breitbeinig da, ich hoffe, das fällt keinem auf. Himmel, da ist ja eine von den alten Grafiken dabei,
am liebsten würde ich mich hinter dem Flipchart
verstecken, geht aber nicht, weil ja der Chef, seine
Kleine und sonst auch alle da sind.

Ich hoffe, es ist bald vorbei, der Finanzheini schaut
eh schon so gelangweilt drein und zeichnet was
in seinen Kalender - na wenigstens einer könnte
sich doch für meine tollen Pläne interessieren,
zugegeben, wenn man das Gehirn noch nicht ein-
geschaltet hat, klingt das alles etwas kompliziert
- für mich ja auch und ich hab das geschrieben!
Jetzt fällt mir erst auf, dass alle, naja, alle bis auf
den Finanzheini, den eh keiner leiden kann, ganz
aufgeregt nicken. Ich weiß zwar nicht genau, was
ich gesagt habe, das Adrenalin macht da, glaub
ich, mit mir grad sein ganz eigenes Ding, aber es
war wohl gut! Ich muss nachher unbedingt die gar
nicht so beängstigende Elsa fragen, was ich von
mir gegeben habe.
Auf einmal klatschen sie alle und ich hab das
Gefühl, ich sollte was zum Abschluss sagen, mir
fällt aber nichts ein, darum grinse ich belämmert
und sage: „Schluss, mehr gibt's nicht!" Jetzt lachen
sie auch noch! War das gerade dumm von mir?
Ach, ich weiß doch auch nicht, der Braunstätter
gratuliert mir, ich muss mich ein bisschen auf
seiner Schulter abstützen, sonst verliere ich das
Gleichgewicht. Alle anderen schütteln mir im Vor-
beigehen auch noch die Hände und faseln etwas
von meiner tollen Arbeit. Bin ich froh, dass ich das
hinter mir hab!

Als erfahrener Sprecher und in der Gesprächshypnose wird meist nur **Downward Inflection** genutzt und selten, wenn Uptime erwünscht ist, eine **Upward Inflection**.

A Um das Publikum einzufangen, kannst du deine Gestik abwechslungsreich einsetzen.

B Zeige auf dich selbst, um unbewusst positive Emotionen zu ankern. Dies ist auch als „Zeig auf dich" oder kurz „ZAD" (in der englischen Literatur auch als PTS oder „point to self") bekannt.

C, F Um bestimmte Menschen anzusprechen, kannst du direkt auf sie verweisen, beispielsweise um Fremdreferenz zu ankern.

D Eine allumfassende Gestik kann sowohl Gruppen formen als auch spalten.

E Genauso kannst du analog markieren, welche Befehle du bereits mit Gestik subbewusst installierst.

Wie von Pantomimen bekannt, kannst du Raumanker nutzen, um deinem Publikum die Referenz zu früheren Themen zu erleichtern. Tue das, indem du Geschichten und Fakten einen eigenen Rahmen und Raum gibst.
Beispielsweise lässt du den Wanderer aus obigem Beispiel auf der Bühne positiv halluzinieren, wenn du, während du von ihm erzählst, auf eine leere Stelle neben dir deutest und so tust, als wäre er gerade im Raum. Damit ist dieser Punkt, der mit einer bestimmten Körperhaltung und Gestik, vielleicht auch Tonalität von dir verknüpft ist, auf den Wanderer und die Gefühle, die du mit ihm erzeugst, geankert. Diesen Raum kannst du nach kurzer Zeit wegschieben und später wieder heranholen, um erneut auf die Gefühle zuzugreifen.

Dies unterstützt dich bei deinem Vortrag und gibt dir die Möglichkeit, mehrere Raumanker zu verschmelzen, was in einem der späteren Kapitel wichtig wird und als „Ankerkette" bekannt ist. Ebenso erleichterst du es dem Publikum, sich mit deinem Inhalt zu identifizieren und sich daran zu erinnern.

G Du kannst sowohl deine Position im Raum als auch alles um dich herum für Raumanker nutzen. Selbst eine imaginierte Box kannst du mitten vor dem Publikum schweben lassen und damit deinen Inhalt leichter deutlich machen.

H Bewegst du dich auf der Zeitlinie weiter, kannst du mehrere Raumanker verknüpfen.

I Der Raum, der dir zur Verfügung steht, ist nicht nur für dich selbst da. Tritt zur Seite und lass deinen Zuhörern die Möglichkeit, Imaginäres auf der Bühne zu visualisieren.

J Besonders gute Gefühle kannst du nicht nur auf deine Person, sondern auch auf den Flip Chart ankern, bevor du die neuen Geschäftsergebnisse aufschreibst oder dem neuen Kunden ein Angebot unterbreitest.

C

! Der Raum, der dir zur Verfügung steht, ist nicht nur für dich selbst da. Tritt zur Seite und lass deinen Zuhörern die Möglichkeit, Imaginäres auf der Bühne zu visualisieren.

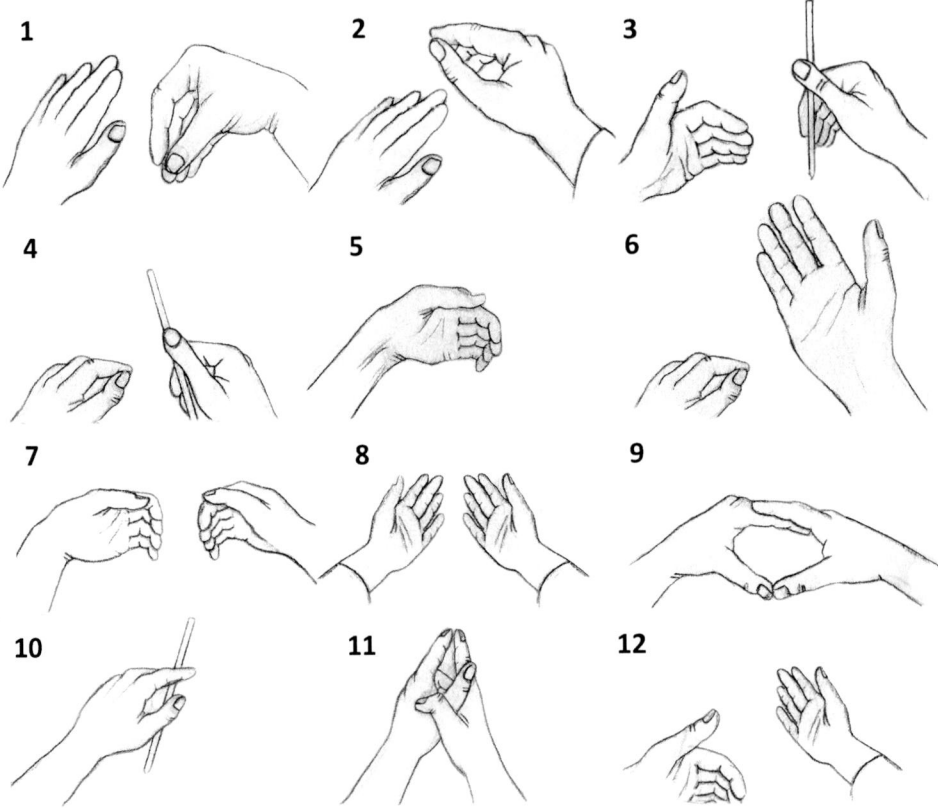

1-4 Dies sind sehr deutliche zielgerichtete Gesten, die auch bewusst wahrgenommen werden, also setze sie vorsichtig ein. Im linken Beispiel kannst du dir auch auf die Brust tippen - dies ist der wohl intensivste ZAD. Auch die Hand auf die Brust legen und mit einem Finger dieser Hand tippen ist eine Möglichkeit.

5-8 Das ist der halbbewusste Bereich: Gesten, die noch deutlich genug sind, aber vom kritischen Bewusstsein so gut wie nicht wahrgenommen werden.

9-11 Gesten in der Ruheposition, die sich am besten beim Zuhören eignen (da es sehr merkwürdig wäre, wenn du dir die ganze Zeit auf die Brust zeigen würdest, während du über die positiven Werte deines Gegenübers sprichst). Hier wurde zwar das Bewegungsmoment herausgenommen, doch die Intensität mit einzelnen Fingern oder Gegenständen wieder ausgeglichen.

12 Eine Hand zeigt auf dich, die andere auf den Gesprächsparnter. Die kannst du benutzen, wenn es nicht um einzelne Personen oder Gegenstände geht, sondern die Beziehung zwischen Personen auf sie beide gebunden werden soll. Auch in Bewegung möglich, mit einer Hand abwechselnd vorne, dann die andere.

Liste der Intensität

Dezent: Eine Hand, ganze Hand, ruhig, schnell
Intensiv: Beide Hände, Fingerspitzen, Bewegung, langsam, spitze Gegenstände

Zeit empfinden

Die imaginäre Zeitlinie (in der Therapie und im Coaching meist als Timeline bezeichnet) ist die Interpretation des persönlichen Zeitempfindens. Jeder Mensch erlebt Zeit – die Frage ist erneut, wie er sie erlebt. Dies unterscheidet sich bei vielen je nach Kultur und individueller Wahrnehmung.

𝒰bung: Wie empfindest du Zeit?

Was du dazu brauchst: Dich selbst und Zeit.

Was zu tun ist: 1. Stell dir vor, du könntest drei Punkte visualisieren und dir vorstellen, dass der erste Punkt für die Gegenwart steht, den Moment, indem du gerade dieses Buch in Händen hältst. Wo ist dieser Punkt? Er kann um dich herum liegen, vor oder hinter dir, in der Mitte deines Körpers – überall. Merke ihn dir.

2. Nun fühl in dich hinein – wo liegt deine Vergangenheit? Eher hinter oder vor dir, oder links oder rechts? Seitlich oder frontal? Merke ihn dir.

3. Jetzt fühl in die Zukunft hinein – wo befindet sie sich? Setz auch für sie einen Punkt.

4. Nun verbinde alle Punkte, Vergangenheit über Gegenwart bis hin zu Zukunft: Das ist deine persönliche Linie, mit der du Zeit erlebst. Geht sie durch deinen Körper hindurch, an ihm leicht berührend vorbei oder liegt sie ohne physische Verknüpfung vor dir?

NLP klassifiziert diese Interpretationen in drei Typen:

• **In-Time**
Du erlebst Zeit sehr präsent und lebst „im Moment". Deine Linie geht durch deinen Körper hindurch oder berührt ihn teilweise. Manchen Menschen dieses Typs fällt es manchmal nicht so leicht, Termine einzuhalten oder pünktlich zu sein.

• **Through-Time**
Du erlebst Zeit klar strukturiert und hast ein gutes Gefühl für Pünktlichkeit. Die Linie berührt deinen Körper nicht. Menschen dieses Typs sind meist vorausschauend und haben gute planerische Fähigkeiten.

• **Between-Time**
Der Mischtyp erlebt Zeit je nach Wunsch. Zwecks Übersichtlichkeit als Linie vor sich, um beispielsweise Termine zu planen. Sobald der Termin jedoch in der Jetzt-Zeit stattfindet, „springt" er in den Moment und erlebt ihn In-Time. Viele NLP Begeisterte werden mit etwas Übung zu diesem Mischtyp, was dem Credo der Flexibilität entspricht.

Reflexion: Wo hast du dich wiedergefunden? Kannst du daraus Schlüsse zie-hen, die dein Leben betreffen?

Der Sinn dahinter: Die Zeitlinie wird sowohl im Coaching als auch für Präsentationen genutzt, zum Beispiel, um den Zuhörern eine bildliche Vorstellung der Inhalte zu ermöglichen.

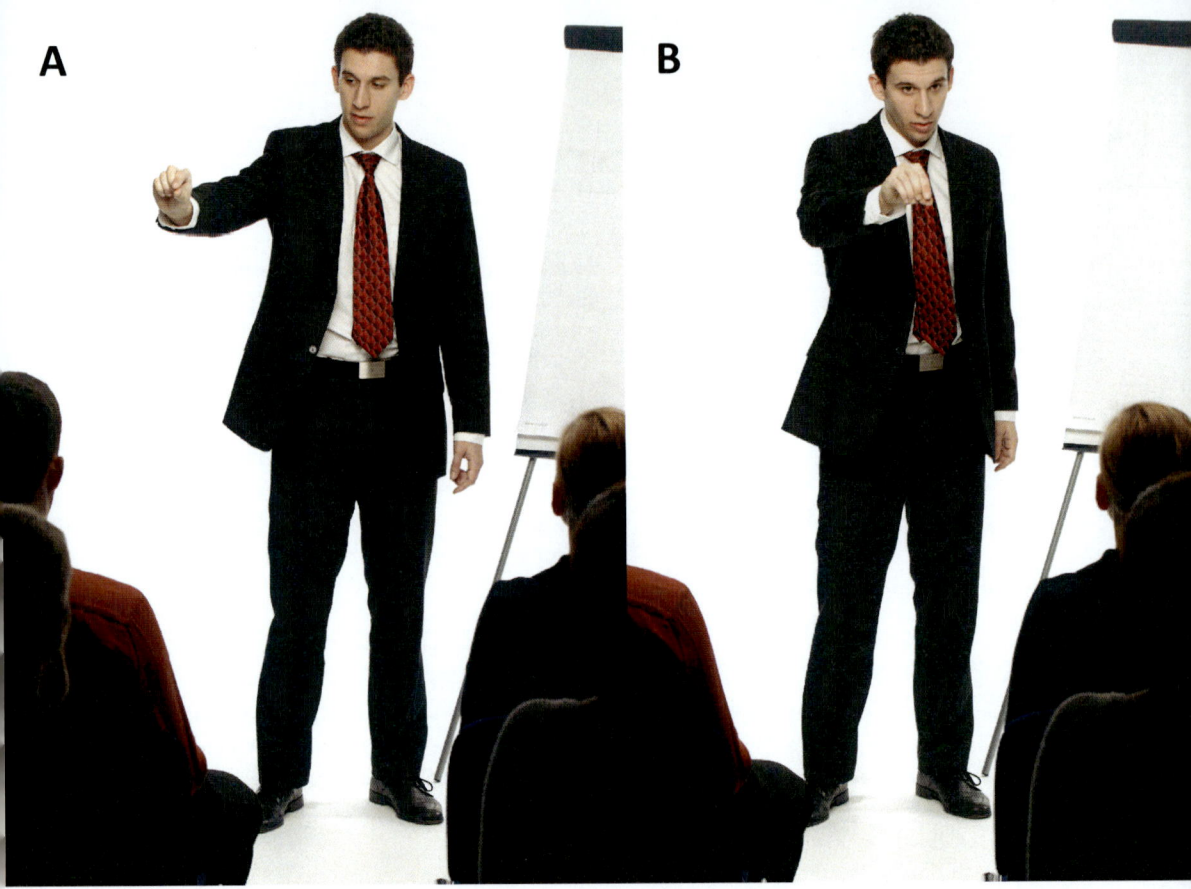

A **B**

Aufgrund des damit gesetzten Rauman-kers ist es möglich, nicht nur chronolo-gisch, sondern auch mit Zeitsprüngen zu arbeiten und die Erinnerung an vorange-gangene Themen zu erleichtern.

A Vom Zuschauer aus ist meist links die Vergangenheit und rechts die Zukunft. Dies utilisieren wir, und setzen Rauman-ker auf der imaginären Zeitlinie; dadurch erleichterst du dem Plenum, dir bei Zeit-sprüngen zu folgen.

Wird vor Publikum gesprochen, ist zu beachten, dass die größte Wirkung erzielt wird, indem der Sprecher von sich aus nach rechts zeigt, wenn er von Vergangen-heit spricht und nach links, wenn er von Zukünftigem spricht.

Dies widerspricht meist dem individu-ellen Zeiterlebnis, hier ist aber auf die Flexibilität eines guten Vortragenden und Kommunikators zu verweisen: Als solcher ist es dir möglich, in das Glaubenssystem deines Gegenübers einzusteigen und die Kommunikation für ihn bestmöglich zu gestalten.

A Die Vergangenheit wird mit dem ers-ten Punkt gesetzt. Ohne verbal darauf hinzuweisen, arbeitest du rein mit Gestik, während du zum Beispiel über frühere Erfolge erzählst.

Zeit empfinden

C

rolle über die Augen der Anwesenden und damit auch über den Informationszugriff (vergleiche VAKOG Modell). Indem du positive Anker auslöst, während du über Gegenwart und Zukunft sprichst, setzt du damit nicht nur die richtigen Emotionen, sondern programmierst diese auch direkt im richtigen Bereich des Blickfeldes.

• negative Emotionen meist am Boden zwischen Gegenwart und Vergangenheit, gesenkter Blick
• positive Emotionen meist mit gehobenem Blick, visualisiert im Raum oder an der Decke zwischen Vergangenheit und Zukunft

Sobald du in einem Gespräch bemerkst, dass Menschen in Gesprächen mit dir negative Emotionen abrufen und diese in die Zukunft übertragen (erkennbar anhand ihrer Blickrichtung, während sie erzählen) könntest du nonverbal intervenieren und gute Gefühle aus der Vergangenheit abrufen lassen und diese an die Stelle der negativen Bilder der Zukunft setzen, - sie überlagern oder austauschen!

B In der Gegenwart findet das aktuelle Meeting statt, das in dieser Präsentation gipfelt.

C Die Zahlen für die Zukunft sehen blendend aus, wir werden weiterhin den Umsatz steigern.

Mit dem Setzen einer klaren Zeitlinie kannst du nonverbal klare Trends kommunizieren. Du setzt einen Kurs und wirst beobachten können, wie du Blicke und Köpfe steuerst – aus der Vergangenheit in die Zukunft. Mit gezielt eingesetzter, punktierter Gestik und ruhigen Bewegungen übernimmst du kurzzeitig die Kont-

Die Zeitlinie im Coaching: Walk the Timeline

Ihren Ursprung hat die Zeitlinie in der Therapie, der Erste, der mit ihr intensiv arbeitete, war Tad James. Er ließ seine Klienten eine Zeitlinie visualisieren und auf den Boden legen. Diese Linie gingen sie auf und ab, je nachdem, ob sie frühere Erlebnisse emotional wieder erleben oder auflösen wollten, oder in Richtung Zukunft, um beispielsweise gesetzte Ziele mit Ökologie Check zu überprüfen.

Aufmerksamkeit des Publikums

A Ein klares Signal für Desinteresse: Für längere Zeit gesenkter Blick, der auf inneren Dialog hindeutet, das Ablenken durch externe Faktoren (Mobiltelefon, Stift und so weiter).

Sprichst du vor Menschen, ist die wichtigste Voraussetzung für eine gute Präsentation, dass du möglichst viele Zuhörer abholst. Das bedeutet, dass ihre Aufmerksamkeit auf dich gelenkt wird, auch wenn ihr Fokus und ihre Gedanken anfänglich auf anderen Themen liegen. Ob jemand aufmerksam ist oder abgelenkt, erkennst du sehr schnell an der Physiologie. Hier ist natürlich wichtig, dass du deine Hörer im gesamten Verlauf beobachtest und nicht nur ausschnittweise.

Ein geübter Sprecher hat den eigenen Fokus größtenteils auf das Publikum gerichtet und ist weniger mit sich selbst beschäftigt. Das kommt natürlich mit der Übung und wird dir erleichtert, wenn du gute Workshops besuchst, die speziell diese Fähigkeiten trainieren.

Eine der Empfehlungen aus solchen Seminaren ist die Arbeit mit Blicksprüngen. Je mehr Menschen du während deines Vortrages in die Augen siehst, desto mehr werden dir aktiv zuhören. Denn jedes Mal, wenn sich zwei Blicke treffen, wird der Fokus geschärft und der Zuhörer zum aktiven Mitdenken aufgefordert. Dies bestätigt sich meist durch ein unbewusstes Nicken, das der andere dann relativ häufiger ausübt als sonst.

Vor kleineren Gruppen empfiehlt es sich, jedem für ein paar Sekunden in die Augen zu schauen und dann zum Nächsten zu schweifen. Du kannst auch zwischen den Reihen springen oder vom linken ans rechte Ende springen, denn wenn du für längere Zeit immer wieder monoton von links nach rechts blickst, wirkt dies mit der Zeit mechanisch, stereotyp.

Besser ist es, jene abzuholen und mit deinem Blick einzufangen, die gerade dabei sind, etwas abzudriften. Das setzt voraus, dass du deine Wahrnehmung erweiterst und den Unterschied zwischen Uptime und Downtime kennst.

In Uptime ist die Aufmerksamkeit nach außen gerichtet, auf das Geschehen rund um uns und die Umwelt, in diesem Fall auf den Vortragenden. Es gibt keinen inneren Dialog, keine bildlichen Vorstellungen und keine emotionale Anspannung.
Das gesamte sensorische Gewahrsein ist auf die äußere Umgebung im Hier und Jetzt konzentriert. Die Zustände der Meditation, des Gebets und der Selbsthypnose ähneln denen der Uptime, insofern für sie alle Folgendes charakteristisch ist:

A

B

C

! Hängende Schultern, der Blick ins Leere und die Mimik deuten auf Downtime oder inneren Dialog hin.

! Bei Uptime und Aufmerksamkeit spannt sich die Physiologie merklich an, bis zu den Fußspitzen.

Aufmerksamkeit des Publikums

• der Gebrauch der peripheren Sehfähigkeit (im Gegensatz zur zentralen bzw. mittigen)
• Fokussieren auf äußere Geräusche (und das Fehlen eines inneren Dialogs)
• eine entspannte Physiologie (keine übermäßige emotionale oder körperliche Anspannung)

B Die Physiologie zeugt von Unaufmerksamkeit. Hängende Schultern, der Blick ins Leere und die Mimik deuten auf Downtime oder inneren Dialog hin.

C Bei Uptime und Aufmerksamkeit spannt sich die Physiologie merklich an, bis zu den Fußspitzen. Der Blick ist direkt und forschend.

Downtime beschreibt den Zustand des nach innen gerichteten Fokus, wenn wir inneren Dialog führen oder vor uns hin träumen. Träumen, ein Zustand veränderten Bewusstseins oder ein „anders als bewusster Zustand", kann ebenfalls als Intensivierung der Denk- und Lernprozesse und zur Revision und Integration neuer Informationen genutzt werden.

Du kannst dir mit Hilfe deiner Träume deine Erlebnisse an einem bestimmten Tag vergegenwärtigen, verbunden mit der Absicht, die am betreffenden Tag positiven Aspekte zu erforschen, und/oder, dir darüber klarzuwerden, was du in Zukunft anders machen willst und wie.

Träumen kann helfen Antworten auf Fragen zu finden, denn das Unbewusste denkt nicht wie dein Bewusstes, sondern es verarbeitet, indem es Beziehungen und Muster beeinflusst. Das Unbewusste arbeitet meist metaphorisch, besonders in echten Träumen, und lernt deshalb auch besser durch Metaphern und Anekdoten.

Meistens wechseln sich diese Phasen der Up- und Downtime kontinuierlich ab, was sich ebenfalls die Gesprächshypnose zu Nutze macht.

Natürlich können wir unsere Aufmerksamkeitsstärke selbst steuern: bei einem spannenden Film sind wir stärker aufmerksam als bei einer langweiligen Radiosendung.

Es ist normal und wichtig, dass kurze Downtime Phasen beim Publikum auftreten, da hier über den Inhalt reflektiert wird.

Dauern diese jedoch länger an und schweifen die Gedanken der Zuhörer ab, hat dies für den aktuellen Vortrag nicht ganz so gute Folgen, da die Wirkung abgeschwächt wird und der Eindruck beim Plenum entsteht, der Inhalt der Präsentation sei langweilig.

Dazu kommt noch, dass wichtige Information, die wir geben, während das Publikum in Downtime ist, wenig bis gar nicht verarbeitet wird und damit schlichtweg die Botschaft nicht ankommt!

Setz wichtige Informationen also in Uptime und wiederhole sie bestenfalls, um möglichst alle Zuhörer zu erreichen. In diesem Zustand lernen Menschen besser und schneller, weshalb Uptime auch als wichtige Voraussetzung für ressourcenreiche Zustände gilt.

Aufmerksamkeit des Publikums

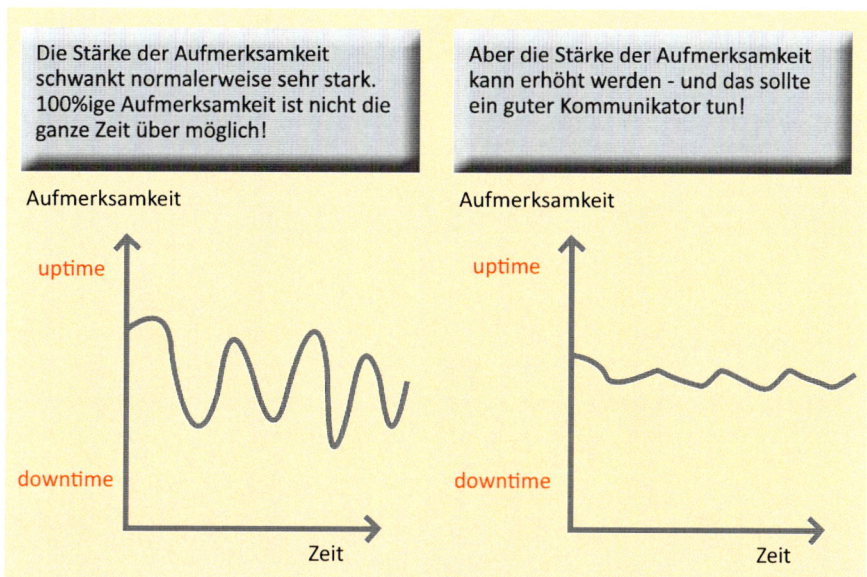

Die Stärke der Aufmerksamkeit schwankt normalerweise sehr stark. 100%ige Aufmerksamkeit ist nicht die ganze Zeit über möglich!

Aber die Stärke der Aufmerksamkeit kann erhöht werden - und das sollte ein guter Kommunikator tun!

Aufmerksamkeit

uptime

downtime

Zeit

Aufmerksamkeit

uptime

downtime

Zeit

Diese gesteigerte Fremd- und Selbstwahrnehmung erfordert vom Sprecher eine beständig hohe Uptime, die Sportler auch unter dem Begriff der Vigilanz kennen: eine hohe Konzentration und Sinnesschärfe über lange Zeiträume hinweg, so wie es beispielsweise und besonders beim Tischtennis essentiell ist.

$\mathcal{U}$bung: Augenkontakt

Was du dazu brauchst: Genügend Sessel und Menschen, um ein Publikum zu haben (zumindest ein kleines).

Was zu tun ist: Eine Übung, wie sie Keith Johnstone, der Gründer des Impro-Theaters, in seinen Kursen lehrt, ist sehr hilfreich für die Wahrnehmung des Up- und Downtime Zustandes der Zuhörer. Bitte drei bis fünf Freunde oder Kolle-gen, sich in einem Halbkreis vor dich zu setzen

und erzähle eine Geschichte. Der Inhalt ist jetzt noch nicht wichtig, denn du achtest erst einmal auf die Aufmerksamkeit der Zuhörer.

Diese signalisieren dir durch Blickkontakt, dass sie dir folgen. Um dies zu tun, strecken sie den Arm nach oben, sobald sich eure Blicke treffen.
Springst du zum Nächsten, dessen Arm nun nach oben schnellt, beginnt bei allen anderen der Arm langsam nach unten zu sinken – bis du wieder Augenkontakt herstellst.

Solltest du auf einen Zuhörer vergessen, dessen Hand ganz unten ankommt, wird dieser das mit einem lauten „Beep Beep Beep" signalisieren, damit du ihn wieder ansiehst. Du wirst bemerken, dass es viel Konzentration erfordert, über nur wenige Minuten hinweg konstant Augenkontakt mit nur vier Zuhörern zu halten, ohne einen Warnton zu hören und zeitgleich nicht im Inhalt zu stocken. Diese Übung kannst du weiter ausbauen, indem du mehr Zuhörer hast, einen Vortrag mit echtem Inhalt präsentierst und sich die Arme der Zuhörer schneller nach unten bewegen.

Bei größeren Gruppen wird es natürlich immer schwieriger, mit allen Anwesenden direkten Blickkontakt zu halten – dies wird aber meist gar nicht von den Teilnehmern erwünscht. Deshalb bedienst du dich einer Technik für Blicksprünge, wie sie im NLP Trainer-Training von Dr. Richard Bandler gelehrt wird. Bei Gruppengrößen ab dreißig bis vierzig Personen unterteilst du die Gruppe in mehrere Zonen: Vier Zonen an jedem Eck und eine in der Mitte.

Du springst nun diagonal zwischen den Zonen, um möglichst oft jede Zone zu passieren und dazwischen verweilst du für einige Sekunden in jeder Zone und schweifst mit deinem Blick umher, um in der Zone möglichst viele Menschen abzuholen; ein Gießkannenprinzip also, das ausgezeichnet funktioniert.

Reflexion: Ist es dir gelungen, alle Personen anzusprechen? Wie hast du dich bei dieser Übung gefühlt? Wie war das Feedback, das du von deinem Publikum erhalten hast?

Der Sinn dahinter: Fühlen sich alle angesprochen, – wird dein Vortrag phänomenal!
Du bekommst ein Gefühl dafür, dein Publikum zu begeistern.

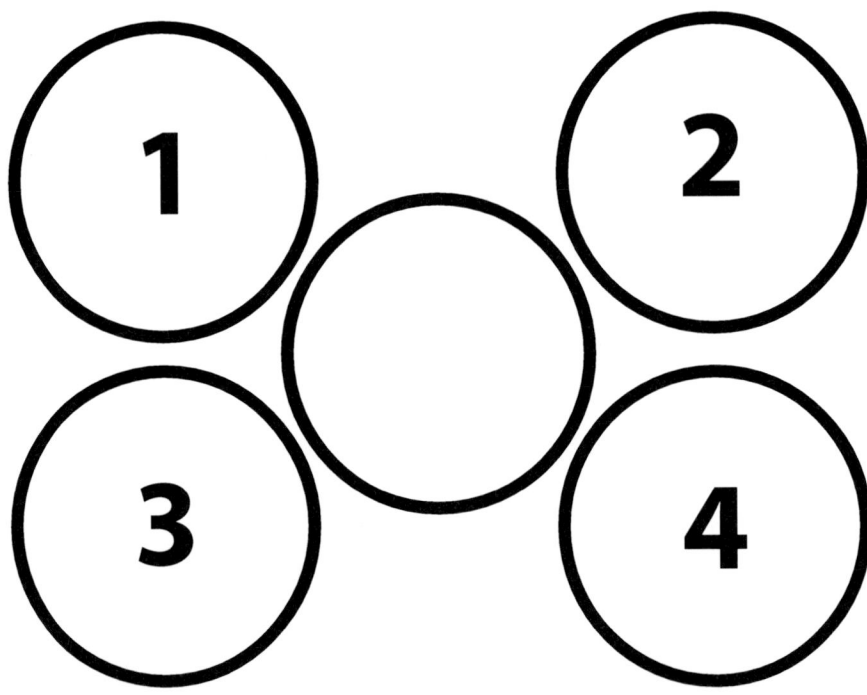

Aufmerksamkeit des Publikums

A

Springe mit deinem Blick in der Reihen-folge der Zahlen zwischen den Zonen und verweile in jedem Bereich für mehrere Sekunden, um möglichst viele Zuhörer durch direkten Augenkontakt in Uptime zu bringen.

Die Gesprächshypnose ist ein weiteres Werkzeug des NLP, um ressourcenreiche Zustände im Publikum zu erzeugen. Mittels dieser speziellen Art zu sprechen wird die Uptime erhöht. Wir bedienen uns hier zweier Modelle, einerseits setzt du aus dem Milton Modell bekannte Sprachmuster ein, um Hypnose zu erzeu-gen, andererseits arbeitest du mit Frakti-

onierung, um eine konstant hohe Uptime zu gewährleisten.

A Die Mimik von Menschen in Trance-zuständen ist ein wichtiges Indiz für die Trancetiefe. Bereits in leichter Trance entspannt sich die gesamte Gesichtsmus-kulatur merklich.

Während wir immer wieder zwischen Aufmerksamkeit und Unaufmerksamkeit, Anspannung und Entspannung, Uptime und Downtime schwanken, ist es Ziel des Fraktionierens, diese natürliche Abfolge zu utilisieren und damit Menschen schnell in eine tiefe Trance zu führen.

Aufmerksamkeit des Publikums

In der Gesprächshypnose erzeugen wir dies mit unserer Stimme; wir wechseln in angenehmer Art und Weise unsere Sprechgeschwindigkeit und verändern Tonalität, Klangfarbe und Rhythmus, um Abwechslung in die Situation zu bringen.

Ebenso kannst du deine direkte Umgebung nutzen, um diese für die Fraktionierung zu utilisieren: Licht an für Uptime, Licht gedimmt für Downtime. Eine spezielle Musik im Hintergrund für Unaufmerksamkeit, eine andere oder keine Musik im Hintergrund für Aufmerksamkeit. Das Mikrofon lauter gestellt für Anspannung, leiser eingestellt für Entspannung.

Damit geben wir Möglichkeit für kurze Downtime, auf die erneut Uptime folgt. Der Vorteil der Fraktionierung liegt auf der Hand: Der Sprecher bestimmt den Zustand den Publikums und kann wichtige Informationen in Uptime einbauen, während er sie in Downtime wiederholt und verfestigt.

Für die Festigung der Informationen, wie sie gerade mit Techniken des subbewussten Lernens mittels Metaphern, nested loops und Installation Based Accelerated Learning (IBAL) eingesetzt werden, reicht der Raum dieses Buches leider nicht aus. Wir wollen uns auf die Sprachmuster des Milton Modells konzentrieren, da sie essentieller Bestandteil des NLP Modells sind.

Trance ist ein ganz natürlicher Zustand, der auch im Alltag anzutreffen ist. Kennst du das Phänomen, wenn du mit dem Auto lange auf der Autobahn fährst und irgendwann hochschrickst und dich fragst: „Wo bin ich denn jetzt? Habe ich meine Abfahrt verpasst?" - Das ist Alltagstrance. Dein Körper und Geist kennen diesen Zustand bereits.

Unabhängig von der Tiefe einer Hypnose ist Veränderungsarbeit möglich, besonders effektiv wirkt sie in mittlerer bis tiefer Trance, wo auch direkte Befehle an das Unbewusste sehr gut aufgenommen werden. Während leichter Trance, im Moment der Gesprächshypnose also, ist metaphorische Arbeit von Vorteil. Indem du Anekdoten, Zitate und Geschichten erzählst, in die der tatsächliche Lerninhalt verpackt ist, lernt das Unbewusste schneller und verfestigt kognitiv bearbeitete Themen besser.

Um Menschen in Trance zu führen, gibt es verschiedene Wege. Über diese Bescheid zu wissen, ist meist jedoch nur von Nutzen, wenn sie praktisch erlernt werden. Deshalb sollen jene Induktionsmethoden, also das Hineinführen in Trance, die sich mit nicht verbalen Methoden, wie sie für Gesprächshypnose und leichte Trance üblich sind, hier keinen Platz finden. Zu erlernen sind sie in gut geleiteten Workshops und Seminaren von diversen Anbietern, beispielsweise auf www.HypnoseLernen.at

Das **Milton Modell** ist eine Sammlung von Techniken aus der Gesprächshypnose, um Menschen in tiefste Entspannungszustände zu versetzen. Diese Momente veränderten Bewusstseins, die auch als Trancezustände oder Hypnose bekannt sind, wurden von Bandler und Grinder vor allem in Zusammenarbeit mit dem bekannten Hypnosetherapeuten

Durchführung einer verbalen Trance-Induktion	
Pacen des gegenwärtigen Zustandes	Während du deine Unterlage unter dir spürst und entspannt ein- und ausatmest ...
Repräsentationsmodell (VAK) durchlaufen	... und dir vielleicht eine angenehme Situation aus Vergangenheit, Gegenwart oder Zukunft vorstellst ... was du gesehen hast ... welche Geräusche da waren ... wie es sich angefühlt hat ...
Ja-Kette (yes-set) einbauen	... und du hörst meine Stimme und meine Worte und sinkst tief in Entspannung ....
Utilisieren der Umgebung	... und jedes Umgebungsgeräusch, das du wahrnimmst, verstärkt diesen Zustand mehr und mehr ...
Fokus nach innen lenken	... während du den Fokus völlig nach innen lenkst und auf deinen Atem achtest ...

Ausgehen (stolpern) mit Stil

So, und jetzt wird gefeiert! Ich ruf noch schnell, nein warte mal, verdammt, mein Handy ist ja hinüber! Plan B, heute muss ich feiern, um die Rettung meiner Sim-Karte kümmere ich mich morgen. Ich schlage dem Braunstätter vor, zur Feier des Tages etwas trinken zu gehen. An einem anderen Tag wäre ich dafür viel zu feige gewesen, aber heute?! Er sagt sogar ja, das hätte ich mir nicht gedacht, ich habe fast das Gefühl, wir freunden uns gerade an.

Ich fahre noch schnell in meine Wohnung, obwohl, Müllhalde trifft es wohl eher und ziehe mich um, endlich raus aus den ekelhaften Sachen.

Mittlerweile bin ich auf dem Weg ins Lokal, ich war noch nie in einer solchen Spießerhütte, was aber in Anbetracht dessen, dass ich mit meinem Chef zum ersten Mal privaten Kontakt habe, völlig in Ordnung ist. Schon beim Reingehen wird mir mulmig bei dem Gedanken, den Abend mit meinem Boss und seiner Freundin zu verbringen, ganz ehrlich, es liegt nicht an der Blonden, ich denk schon gar nicht mehr an sie, wirklich nicht, kein bisschen!

Wir reden über die gelungene Präsentation und ich erzähle, dass ich ein Mädchen kennengelernt habe, um zumindest irgendwas zu sagen. Wahrscheinlich liegt es am Cocktail, aber ich kann mich nicht so ganz konzentrieren, vielleicht war es doch keine so gute Idee, gleich den nächsten zu bestellen? Der Braunstätter heißt mit Vornamen Thomas, das weiß ich, weil er mir gerade das du angebo-

ten hat. Heute ist ein grandioser Tag! Weil wir uns gerade so gut unterhalten, frage ich, ob die beiden nicht eine nette Freundin hätten, die sie für mich einladen könnten, meine Güte, ist mir das jetzt peinlich, ich hätte lieber den Mund halten sollen. Das hätte ich mir jetzt nicht gedacht, sie telefoniert, ist sogar richtig freundlich und erzählt, was für ein netter Kerl ich bin.

Perfekt, eine Freundin kommt, die Lara soll eine „nette" sein ... Nur nicht zu viel erwarten, gegen dieses vollkommene Wesen, das mir heute Kaffee gemacht hat (den ich blöderweise nicht getrunken habe) kommt sowieso keine an, wie finde ich die nur wieder? Anrufen tut so eine mit Sicherheit nicht und wenn doch, ist sie sicher seltsam und will mich nur ausnehmen oder vielleicht noch Schlimmeres. Ich sollte echt weniger trinken, das schadet langsam meinem Verstand.

Die beiden sind schon wieder in ein Gespräch vertieft, die sind schon ihr halbes Leben zusammen und turteln immer noch rum und labern durchgehend, irgendwas mach ich falsch. Wie ein kleines Kind versuche ich seine Aufmerksamkeit wieder auf mich zu lenken, mir ist langweilig, ich will auch reden – was soll denn das?

Nein, das sage ich natürlich nicht, ich frag ihn irgendwas über sein neues Auto. Ha! Da kann sie nicht mitreden! Hätte ich gewusst, wie nett der Braunstätter ist, hätte ich mir viel Nervosität sparen können.

B

Milton H. Erickson erforscht. Erickson war seit seinem 19. Lebensjahr durch Polio gelähmt und lernte die Außenwelt auf andere Art zu beeinflussen als viele seiner Mitmenschen: Er konzentrierte sich größtenteils auf seine Stimme und erkannte, dass der Inhalt im Vergleich zum Gebrauch, also dem wie, von verschwindend geringer Wichtigkeit war.

Durch die Entwicklung dieser Fähigkeit wurde er zu einem weltbekannten Hypnotherapeuten, der tief greifende Glaubenssatz- und Veränderungsarbeit mittels Gesprächshypnose leistete. Bandler, damals noch auf der Universität, durfte bei vielen seiner Sitzungen anwesend sein und kam hinter das Geheimnis seiner hypnotischen Fähigkeiten: wie er seine

Stimme einsetzte und welche Sprachmuster er anwandte, um Menschen schnell und unbemerkt in ressourcenreiche Trancezustände zwischen Up- und Downtime zu führen.

B Zustimmung wird durch vorgelehnte Körperhaltung, stummes Nicken, Anheben des Kopfes und Mimik signalisiert.

Erickson betonte, im Gegensatz zu Freud, dass das Unbewusste eine besonders positive Wirkung auf uns habe, da es eine wertvolle und unbegrenzte Ressource darstelle. Es beinhalte alle Erfahrungen und Fähigkeiten eines Menschen, die jedoch meist nicht bewusst genutzt würden. In Trance findet der Hypnotisierte diese unbewussten Ressourcen wieder

Aufmerksamkeit des Publikums

und aktiviert sie, um positive Veränderung schnell und erfolgreich zu bewirken.

Das Unbewusste ist die Quelle aller positiven Energie und verborgener Fähigkeiten und Werte, die uns als Mensch ausmachen. Tad James listete einige sehr treffende Fähigkeiten auf, die das Unbewusste beschreiben und ausmachen:

• Steuern und Erhalten der Körperfunktionen
• Kommunizieren mit dem Bewusstsein
• Speichern und Abrufen von Erinnerungen
• Erzeugen und verarbeiten von Emotionen
• Organisieren von Erinnerungen
• Verdrängen von negativen, unaufgelösten Erinnerungen
• Aufnahme, Filterung und Weiterleitung aller Sinneseindrücke an das Bewusste
• Erzeugen von Verhaltensmustern und Reaktion mit denselben

Folgende Eigenschaften rechnete James dem Unbewussten zu:
• Es funktioniert ohne „Teile" als Ganzes, als Einheit
• Es kennt den Körper, in aktuellen und früheren Zuständen
• Es kennt perfekte Gesundheit und Entspannung
• Es verarbeitet Information wortwörtlich und persönlich
• Es befolgt Anweisungen und Befehle
• Es erzeugt, speichert, verteilt und überträgt „Energie"
• Es arbeitet nach dem Prinzip der geringsten Anstrengung und des geringsten Widerstandes

Das Milton Modell des NLP ist tatsächlich die Umkehrung des Meta Modells: Anstatt durch passende Fragen gezielt Information zu sammeln, bedienen wir uns nun einer möglichst vagen Sprache. Diese bewussten Meta Modell Verletzungen vor größeren Gruppen begehen wir, um möglichst viele Menschen anzusprechen und abzuholen.

Dies kennst du bereits aus Werbung und Politik, besonders wenn sich hohe Entscheidungsträger in Interviews nicht festlegen wollen und sie keine spezifischen Aussagen tätigen, obwohl sie sich eingehend mit dem Thema beschäftigen.

Sprachmuster der Gesprächshypnose

Gedankenlesen	Ich weiß, du überlegst gerade …
Verlorener Performativ	… und es ist gut, sich zu überlegen …
Ursache-Wirkung	… weil …
Komplexe Äquivalenz	… das zeigt …
Präsupposition (Vorannahme)	… dass du noch besser lernst …
Universelle Quantifizierung	… all die Dinge, diese vielen Dinge …
Modaloperatoren	… die du lernen kannst …
Nominalisierungen	… ermöglichen dir neue Erkenntnisse …
Unspezifische Verben	… und du erlebst dabei neue Möglichkeiten …

Mann und Frau

A Frauen und Männer wirken sehr unterschiedlich auf ihre Mitmenschen - hauptsächlich begründet ist dies durch die Art, wie sie sich selbst wahrnehmen. Dieser Prozess der Selbst- und Fremdwahrnehmung ist durchaus gesellschaftlich bestimmt. So sprechen wir hier von der westlichen Hemisphäre, in der Emanzipation und Chancengleichheit Einzug gehalten haben. Die Kommunikationsformen, derer sich die in diesen Kulturräumen ansässigen Geschlechter bedienen, sind jedoch stark bestimmt von externen Faktoren, vor allem von den Medien.

Die Geschichte der Emanzipation ist tatsächlich maßgeblich am heutigen Selbstbild von Frauen wie auch Männern beteiligt und soll deshalb kurz umrissen dargestellt werden. So herrschte bis 1976 per Gesetz die Verpflichtung der Folgepflicht der Frau innerhalb einer Ehe. Dies änderte sich nun und es wurden beiden Partnern gleiche Rechte und Pflichten zugesprochen.

Die Überzeugungen der modernen Emanzipation werden heute in der gesamten westlichen Welt verfolgt und sind in der Europäischen Union beispielsweise durch Programme wie Gender Mainstreaming und das PROGRESS Programm, das aktuell und bis 2013 läuft, verwirklicht.

Neben diesen rechtlichen Veränderungen trug jedoch ein ungemein wichtiger, zweiter externer Faktor zur Wahrnehmung der Gesellschaft bei: die Werbung.

Diese war früher geprägt von der hart arbeitenden Familie, die klare Rollenverteilungen vorschrieb. Der Mann war für die Beschaffung des Geldes zuständig und die Frau hatte für Haushalt und Kinder zu sorgen.

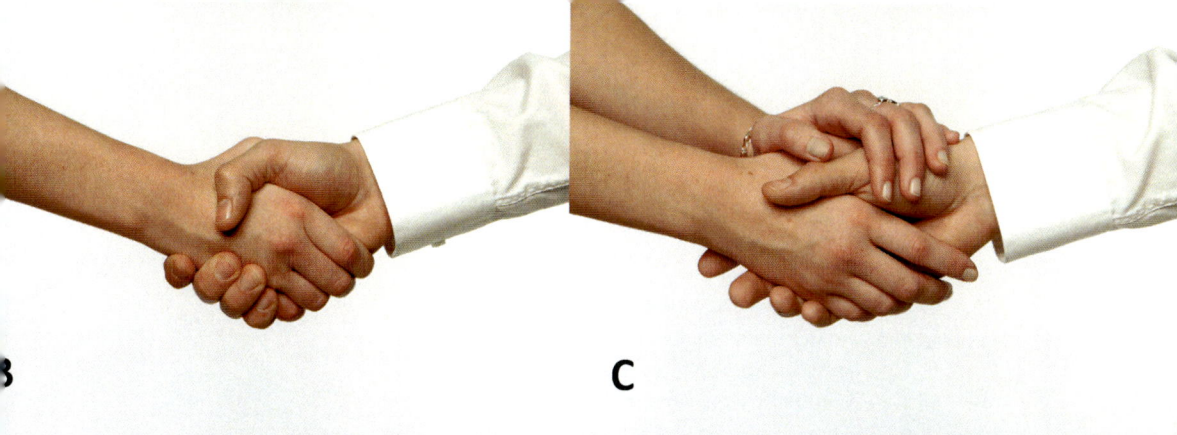

B   C

Dementsprechend richteten sich die ersten Werbemaßnahmen ausschließlich an Frauen: Waschmittel und Seife wurden beworben, genauso wie Lebensmittel und Süßigkeiten. Werbung für Männer beschränkte sich im Normalfall auf Bier und später auf Automobile. Je lukrativer sich der Markt zeigte, veränderten sich mit fortschreitender Technik und Aufklärung sowohl Gesellschaft als auch Werbung.

Das Prinzip blieb jedoch lange Zeit dasselbe: Produkte, die gute Qualität vermitteln wollten, wurden von schönen Frauen beworben, um eine Identifikation mit der Werbung und dem Produkt zu ermöglichen. Dies führte auch dazu, dass Frauen begannen, sich selbst als besonders dissoziiert wahrzunehmen.

Das bedeutet, dass sie sich selbst nicht aus eigenen Augen heraus, sondern von außen betrachteten. Verständlich wird dies besonders unter den Voraussetzungen, die eine Frau damals wie heute „gesellschaftsfähig" mach(t)en.

Gutes Aussehen, stimmige Kleidung, ordentliche Frisur und angenehmer Duft sind nur einige der Faktoren, die auf Außenstehende eine beeinflussende Wirkung haben und die durch den Menschen in gegebenem Maße selbst bestimmt werden können.

Die Werbung unterstützte diesen Prozess der Fremdwahrnehmung der meisten Frauen, indem sie mit Kosmetik und weiteren Pflegeprodukten ihre bis heute unangefochtene Marktposition begründete.

Männer hingegen nehmen sich im Vergleich zu Frauen seit jeher als mehr assoziiert wahr. Das bedeutet, dass sie sich aus eigenen Augen heraus betrachten und weniger Wert auf ihr äußeres Erscheinungsbild legen.

Dies ist nun so zu verstehen, dass der emotionale Wert für Frauen (was die Wirkung durch physische Reize betrifft) einen relativ höheren Stellenwert hat als für Männer – was jedoch mittlerweile ebenfalls im Wandel begriffen ist.

Dieser Umschwung in Richtung Metrosexualität und dissoziierter Wahrnehmung auch des männlichen Geschlechts wird erneut bestimmt von Medien und der Werbung, die ein neues, annähernd gleich großes Marktpotential in Körperpflegeprodukten für Männer erkannt hat, wie es bisher nur für Frauen erschlossen war.

Der Unterschied dieser Wahrnehmungsebenen äußert sich im Verhalten: Während Mädchen von Kindheit an darin geschult sind, ihre Wirkung auf andere Menschen bewusst zu steuern, fällt es vielen Männern anfangs schwer, diese Faktoren in ihr bewusstes Handeln und Denken einzubeziehen.

Dementsprechend fällt es Frauen tendenziell leichter, schnelle Veränderungen in ihrer Körpersprache vorzunehmen, da sie schlichtweg durch vermehrtes Testen ihrer Wirkung auf andere Menschen flexibler sind. Der Lernprozess lässt sich jedoch nachholen und ist nicht von Geschlecht oder Alter bestimmt.

Somit werden vor allem im beruflichen Kontext auch nonverbale Erfolgsfaktoren für jeden hochrangigen Manager wie auch durchschnittlich beschäftigten Angestellten immer essentieller.

Dies beginnt beim Vorstellungsgespräch, geht über den Arbeitsalltag bis hin zu Verhandlungen mit Kunden, Handelspartnern, Kollegen, Vorgesetzten und den Anweisungen an Mitarbeiter.

B Ein fester Handschlag zwischen Mann und Frau, wie er im beruflichen Kontext häufig vorkommt. Hier gehen Frauen meist in eine männliche Rolle, um Stärke zu beweisen.

C Die starke Haltung kann die Frau durch das Umfassen der Hand ihres Gegenübers mit beiden Händen untermauern. Obwohl sie mit weniger Druck arbeitet, hat sie doch den höheren Status: ein optimaler Weg, die weibliche Rolle zu wahren, aber gleichzeitig Autorität zu vermitteln.

Hier, im Alltag des Beruflebens, zeigt sich auch, wie schwer es manchen Frauen fällt, sich an das noch weithin von Männern dominierte obere Management anzupassen. Frauen tendieren dazu, männliche Verhaltensmuster und Statussymbole anzunehmen und zu signalisieren.

Dies wird durch strenge Frisuren, korrekte Kleidung und maskuline Accessoires demonstriert.

Leider entsteht dadurch oft ein falscher Eindruck: Anstatt wie gewünscht Stärke und Gleichheit zu kommunizieren, werden diese Frauen von ihren männlichen Mitbewerbern als arrogant und kalt empfunden, von den weiblichen Kolleginnen als maskulin und anbiedernd.

Deshalb empfiehlt es sich, die goldene Mitte zu finden. Indem du dir über deine persönlichen Stärken bewusst wirst und deine individuellen Werte nach außen trägst, demonstrierst du Ehrlichkeit, mit der angemessenen Demut gepaart, wird diese zu stark anziehender Sympathie.

Persönliche Grenzen

A Die innerste persönliche Grenze beträgt meist eine Armlänge.

schleichend oder ganz bewusst ein unangenehmes Gefühl ausbreitet: Ungewollt dringen andere in unseren persönlichen Raum ein, wir fühlen uns bedrängt und eingeschränkt. Aus der bisher gängigen Literatur ist bekannt, dass diese Zone circa eine Armlänge rund um uns herum beträgt und als persönlicher Bereich interpretiert wird, in den wir körperlich nur jene „eindringen" lassen, die uns emotional nahe stehen.

Tatsächlich ist dieser Bereich im Detail anders geartet als ein bloßer Kreis. Ist der Blick einer stehenden Person nach vorne gerichtet, beginnt die Zone mit der vorderen Grenze bei circa einer halben bis ganzen Armlänge, wird zur Seite hin entlang den Schultern etwas schmaler, meist eine halbe Armlänge, während sie sich nach hinten hin, je weniger wir sehen, trichterförmig ausbreitet.

Auch hängt die Komfortzone vom Kulturraum ab, in dem wir leben. In den arabischen Ländern herrscht weitaus weniger Distanzbedarf, hier verhandeln Männer oft sachlich Geschäftliches, während die Hand beim anderen am Oberschenkel aufliegt, manchmal sehr nahe dem Schritt und dies für längere Zeiträume. Eine eher unangenehme Vorstellung für Menschen, die in westlichen Ländern, in denen mehr Abstand bevorzugt wird, leben.

Beinahe jeder kennt das Gefühl, in einer großen Menschenmasse zu stehen, dicht an dicht an Fremde gepresst, während sich

Ebenso lässt sich die Beobachtung machen, dass es nicht nur diese direkte persönliche Grenze gibt, sondern bereits in der Annä-

B

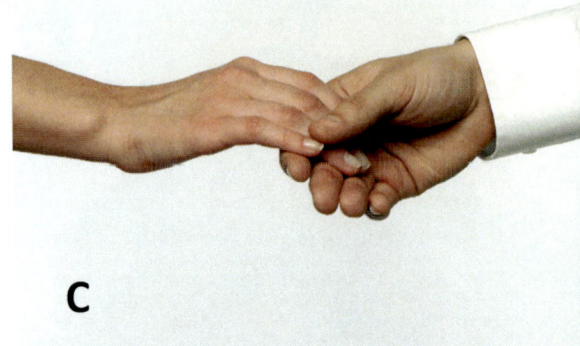

C

Übung: Persönliche Grenzen

Was du dazu brauchst: Führe diese Übung mit möglichst vielen Menschen durch. Du brauchst lediglich ein bisschen Platz.

Was zu tun ist: Stellt euch möglichst weit auseinander, achtet darauf, dass es möglich ist, aufeinander zuzugehen. Derjenige, der beginnt (die Rollen werden anschließend getauscht), geht ganz langsam auf den anderen, der völlig regungslos dasteht, zu. Achte auf jede noch so kleine Veränderung in der Mimik, Körperhaltung, Atmung, Körperspannung, Hautfarbe des anderen.

herung mehrere Distanzen bestehen können, bei denen sich emotional eine Veränderung vor allem in der Mikrogestik und –mimik zeigt. Diese Grenzen erkennst du mit geschärfter Wahrnehmung vor allem beim Erstkontakt mit Fremden, wenn sie noch nicht genau wissen, wer du bist und warum du mit ihnen sprichst.

Doch auch bei dir bereits bekannten Personen sind diese unsichtbaren Grenzen vorhanden, auch wenn sie sich bei dir im Vergleich zu Unbekannten wahrscheinlich verschoben haben. Deshalb erlebst du diese Grenzen am besten direkt in einer Übung.

Sobald sich auch nur eine Kleinigkeit verändert, bleibst du stehen. Dies ist die erste Grenze deines Gegenübers, diese kann einige Meter von der Person entfernt liegen. Gehe nun weiter auf die Person zu. Bleibe stehen, sobald sich etwas verändert. Dies ist die 2. persönliche Grenze, vermutlich befindest du dich ca. eine Armlänge vom anderen entfernt.

Reflexion: Wie hat es sich angefühlt, der Person immer näher zu kommen,

Persönliche Grenzen

auf welche Art und Weise hast du wahrgenommen, dass du die persönliche Grenze erreicht hast? Was genau hast du erkannt? Wie hast du dich in der Rolle des Stehenden gefühlt? Hast du deine eigenen Grenzen genauso wahrgenommen wie derjenige, der auf dich zugegangen ist?

Der Sinn dahinter: Nimm deine eigenen Grenzen und die des anderen wahr. Lerne zu erkennen, wie weit du dich einem Menschen nähern darfst und ab wo die Situation nicht mehr angenehm ist.

Ebenso wie diese persönlichen Grenzen nach außen hin existieren, so finden wir sie auch im Inneren. Wir bezeichnen den Bereich innerhalb dieser inneren Grenze als Komfortzone, als den Bereich, in dem wir uns wohl und sicher fühlen, weil er uns bekannt ist. Wollen wir etwas uns Unbekanntes tun, erscheint es anfänglich oft schwer oder gar nicht machbar.

Sobald wir uns jedoch überwinden und den ersten Schritt hinaus aus unserer Komfortzone hin zu unserem Ziel machen, bemerken wir, dass mit jedem Schritt der Weg selbst leichter wird. Und am Ziel angekommen, blicken wir zurück und wundern uns, wieso wir uns am Anfang überhaupt den Kopf darüber zerbrochen haben.

Erkennst du dich in dieser Beschreibung vielleicht wieder? Dies ist ein völlig normaler Prozess, durch den alle Menschen gehen. Erfolgreiche Manager nutzen dieses Wissen, indem sie ständig ihre persönliche Komfortzone ausweiten, denn sie wissen: Je größer ihr Wohlfühlbereich ist (und damit auch die Größe ihrer eigenen

Landkarte der Welt), desto besser sind sie auf neue Situationen vorbereitet und werden diese mit höherer Wahrscheinlichkeit erfolgreich meistern.

Die körperliche Nähe hat eine lange Geschichte, denn sie ist ebenso lang wie die Geschichte der Menschheit selbst. Zu prähistorischen Zeiten, in denen es für Menschen als oberste Überlebensprämisse galt, in größeren Gruppen zusammenzubleiben, war Körperkontakt zum anderen essentiell.

Besonders für Neugeborene, die ständig am Körper getragen wurden, bis hin zu den Kindern im Alter von drei Jahren, bis sie also allein überlebensfähig waren, bestand ständiger Körperkontakt zu einem Mitmenschen. Auch während der Jagd und besonders abends, wenn es kalt wurde, waren wir darauf angewiesen, egal ob an Frau oder Mann geschmiegt, uns gegenseitig Körperwärme zu spenden. Dadurch betrug die durchschnittliche Körpernähe mit anderen Menschen zu jener Zeit um die acht Stunden täglich bei Erwachsenen.

B Viele Männer möchten Frauen im Gespräch physisch nahe sein, wenn auch nicht in jedem Fall durch sexuelle Anziehung bedingt. Die aggressive Haltung, die dadurch eingenommen wird, kann jedoch zu einer unbewussten Blockade bei der Gesprächspartnerin führen.

Heute haben viele Menschen, auch wenn sie in längeren Beziehungen leben, oftmals nicht mehr als acht Minuten Körperkontakt pro Tag. Für Alleinstehende ist auch diese Zahl astronomisch hoch, bedenkt man

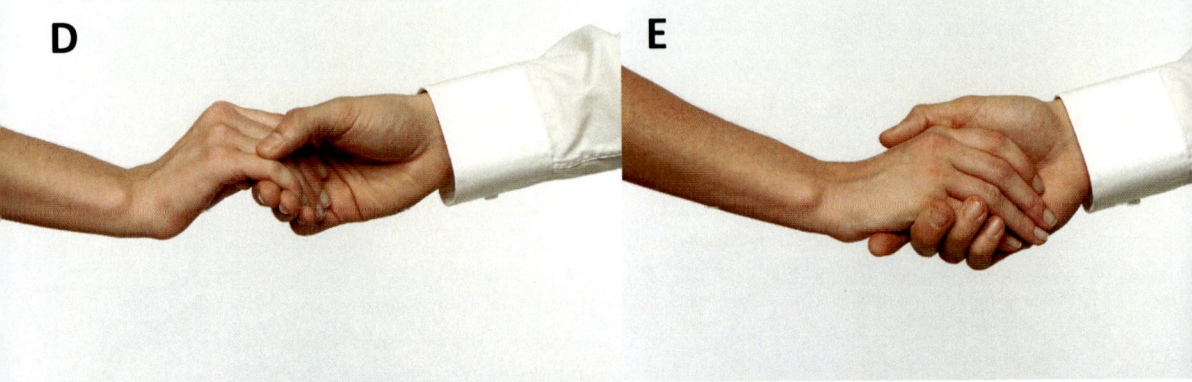

D   **E**

erst, dass ein Handschlag eine Sekunde und eine Umarmung zwei Sekunden dauern. Diese abhanden gekommene Nähe ist dem Bedürfnis danach entgegengesetzt. Kompensiert wird der fehlende Körperkontakt im Erwachsenenalter des modernen Menschen durch sexuellen Kontakt, für heterosexuelle Singles ist dies mitunter besonders schwierig.

Denn durch die fehlende Zuneigung und Liebkosung baut sich selbstverständlich großes Verlangen auf, das zeitweise unbewusst nach Auswegen sucht. Dies kann im geschäftlichen wie auch privaten Alltag durchaus zu ungewünschter Wirkung führen, die vielleicht nicht bewusst angesprochen, aber durch nonverbale Signale und Emotionen geäußert wird.

C Zärtliche Berührungen und das lockere Halten der Fingerspitzen zeugen von unsicherer Nähe. Der Wunsch nach mehr ist vorhanden, wird jedoch noch nicht gelebt.

Eine mögliche Lösung ist entweder die Kanalisierung der Energie durch andere Tätigkeiten oder das Ausleben mit Mitmenschen. Ein flexibler Zugang zur eigenen Sexualität und bewusste Selbstwahrnehmung führen damit zu vermehrt

entspannter Körperhaltung und bieten somit Nähe vielmehr an, als diese aggressiv einzufordern. Gemäß dem Leitsatz „Entspannung wirkt Wunder, Zwang wirkt wenig" ist die nonverbale Offerierung von körperlicher Nähe für die meisten Menschen angenehmer anzunehmen als die bewusste Entscheidung dafür oder dagegen.

D Emotional wärmer und weniger distanziert ist diese Handhaltung, immer noch zaghaft, aber liebevoll und bereits intimer als im Bild weiter oben.

E Beide Hände sanft ineinander gelegt, mit wenig Druck und viel emotionaler Nähe sprechen für liebevollen Umgang und oft auch für sexuelle Anziehung.

Besonders wenn es um sexuelle Anziehung geht, wünschen sich viele Menschen, dass die Chemie „einfach passt", also sexuelle Spannung von allein entsteht. Gerade dies ist jedoch ein Trugschluss, da besonders in der Kommunikation zwischen zwei Menschen so gut wie nichts dem Zufall überlassen ist – dafür aber viel dem Unbewussten. Diesem nonverbalen Wechselspiel der Geschlechter widmen wir uns nun ausführlich im folgenden Kapitel.

Persönliche Grenzen

Unter Freunden

dir schon einmal aufgefallen, dass Freunde oft im selben Moment zum Glas greifen oder sich eine Zigarette anzünden.

Zwischen Freunden laufen viele Prozesse, die unter anderen Umständen, im Zusammenhang mit Bekannten, Arbeitskollegen, Fremden und manchmal sogar der eigenen Familie viel Aufmerksamkeit fordern, automatisch ab. Übernimmst du das, was zwischen dir und deiner besten Freundin, deinem besten Freund stattfindet, für die Beziehungen zu allen anderen Individuen, denen du im Laufe deines Lebens begegnest, ist das bereits ein riesengroßer Schritt in die richtige Richtung.

Um dich besonders gut in dein Gegenüber hineinversetzen zu können, gibt es eine Übung, die sich „Die 3 Positionen" nennt. Hierbei liegt der Fokus darauf, dass du nicht mehr nur dich selbst, sondern auch die Empfindungen deines Gesprächspartners wahrnimmst und somit eure Kommunikation verbesserst. Außerdem ermöglicht dir diese Übung, einen Blick von außen auf die Situation zu werfen und dadurch neue Einblicke zu bekommen.

A Gerade unter Freunden herrscht oft eine ganz eigene Stimmung, etwas Besonderes spielt sich ab. Rapport besteht ganz selbstverständlich, es ist völlig normal, dass Freunde dieselbe Sprache sprechen, ähnliche Worte benutzen, sie verstehen sich. Auch das Spiegeln der Körpersprache läuft automatisch ab. Gehen zwei Freunde die Straße entlang, dann meistens im Gleichschritt, sie sitzen einander in ähnlichen Positionen gegenüber. Vielleicht ist

Ü Übung: Die 3 Positionen

Was du dazu brauchst: Du kannst diese Übung auch allein durchführen, wir empfehlen jedoch, sie zu zweit zu machen. 3 Stühle, wobei sich 2 davon gegenüberstehen und der dritte seitlich dazugestellt wird (wie ein Dreieck) und ein bisschen Zeit.

B   **C**

Was zu tun ist: Vergegenwärtige dir eine Konfliktsituation, die du mit einem anderen Menschen hast, eine kleine Sache, die dich beschäftigt, allerdings nicht tiefgreifend ist.

Setze dich auf den ersten Stuhl, dieser symbolisiert die erste Position, das Erleben ganz aus der eigenen Innen-Perspektive, assoziiert mit der eigenen Rolle, den eigenen Gedanken und Gefühlen. Du erlebst die Situation aus deinen eigenen Augen heraus. Du bist ganz du selbst, in Kontakt mit deinem Körper und deinen Gefühlen. Du erlebst diese Situation ganz aus dir.

Stell dir die Person, mit der du diesen Konflikt hast, bildlich auf dem Stuhl dir gegenüber vor.
Was siehst du, wie sitzt dein Gegenüber da? Was hat er oder sie an? Was hörst du, was sagt er oder sie zu dir, was sagst du selbst zu dir? Hast du einen Geschmack auf den Lippen, einen Geruch in der Nase? Wie fühlst du dich dabei?

Wechsle nun den Stuhl und setze dich an die Stelle, wo du dir zuvor deinen Konfliktpartner imaginiert hast. Die zweite Position ist die Wahrnehmung einer Situation aus der Perspektive einer anderen Person.

Unter Freunden

D　　　　　　　　　　　　　　**E**

Du schlüpfst "in die Rolle" der anderen Person und erlebst die Welt von der Warte dieser Person aus: nimm die Körperhaltung dieser Person ein, du siehst mit den Augen dieser Person, hörst mit ihren Ohren und fühlst aus der Perspektive des anderen.
Du stellst dir vor, wie es wäre, die Situation als diese Person zu erleben, und was du von dieser Warte aus wahrnehmen könntest. In dieser Position siehst du die Welt aus den Augen des anderen, du tust, als ob du der andere wärst. Du nimmst die Welt des anderen mit deinen eigenen Sinnen wahr.

Setze dich nun auf den dritten Stuhl. Diese Position entspricht der Wahrnehmung einer neutralen Person, die von außen die Situation betrachtet. Eine Art Regisseur, der den absoluten Überblick hat. Die dritte Position ist die des Betrachters. Du siehst, hörst und denkst wie ein neutraler Beobachter. In der dritten Position hast du keine Gefühle in Bezug auf die Situation. Die dritte Position ist eine Meta-Position zu den beiden anderen Positionen.

Wenn du all diese Positionen durchlaufen hast, setze dich wieder auf den ersten

F   **G**

Stuhl, in die erste Position und nimm die Situation noch einmal wahr.

Reflexion: Inwiefern hat sich die Situation geändert, was würdest du in Zukunft anders machen, jetzt, wo du weißt, wie es ist, in der Haut deines Gegenübers zu stecken. Willst du etwas ändern? Gibt es etwas, das du deinem Konfliktpartner sagen möchtest? Änderst du vielleicht sogar deine Körperhaltung?

Der Sinn dahinter: Die bewusst oder unbewusst eingenommene Perspektive, aus der eine Situation wahrgenom-

men wird, ist entscheidend für eine gute Kommunikation. NLP kennt drei Wahrnehmungs-Positionen, die als erste, zweite und dritte Wahrnehmungs-Position bezeichnet werden.
Indem du dich in dein Gegenüber hineinversetzt, hast du die Chance, bestmöglich zu kommunizieren.

B Das Paar sitzt sich an einem Tisch gegenüber.

C Indem er das Glas zum Mund führt, testet er zeitgleich auch unbewusst auf Rapport.

und empfindet den Wunsch, es zu füllen, indem er sich vorlehnt.

Durch das Erzeugen eines Vakuums zwischen deinem Gesprächspartner und dir erzeugst du eine Art Sogwirkung. Du kannst dies bewirken, indem du, wie auf den Bildern, ein Glas von der Mitte des Tisches näher zu dir ziehst, der andere wird sich durch den entstandenen leeren Raum zu dir beugen. Eine weitere Möglichkeit ist, dass du dich im Gespräch fast unmerklich zurücklehnst, dies erzielt ebenfalls, dass dein Gegenüber sich näher zu dir lehnt.

I, J Die Begrüßung ist herzlich, beide haben viel Körperkontakt und einen ähnlichen Status. Der eine hält die Hand mit beiden Armen, weshalb der andere als Ausgleich die Hand auf dessen Schulter legt. Der Machtkampf ist gebannt, beide sind auf einem Level.

K Während sich die Männer unterhalten, entsteht eine eindeutige Isolation der Frau, die gelangweilt und abgewendet wirkt. Die Fußspitzen zeigen immer in die Richtung, wo das Interesse liegt. Bei den Männern ist dies aufeinander der Fall, bei ihr offensichtlich in die andere Richtung, - weg von den beiden. So kann bereits bevor Langeweile im Gespräch entsteht bemerkt werden, dass dein Gegenüber am aktuellen Thema nicht so viel Interesse hat.

An der Körperhaltung und auch der Richtung, in welche die Füße zeigen, erkennst du, wo die Aufmerksamkeit eines Menschen liegt. Die Füße sind wie Pfeile, die darauf zeigen, was im Moment interessant ist, in Gruppen sind sie oft leicht nach außen geneigt, um die gesamte Gruppe

D Sie macht es ihm mit kurzer Verzögerung gleich.

E Es besteht eindeutig Rapport.

F Das Glas steht als künstliche Barriere zwischen den beiden. Ebenso lässt sich dies mit Serviettenständern, Tischblumen oder Speisekarten testen.

G Sie zieht das Glas während des Gesprächs langsam und unbemerkt und ihm immer ein Stück näher zu sich heran.

H Er fühlt dieses entstehende Vakuum

Unter Freunden

erfassen zu können. Dreht sich der Oberkörper weg vom Geschehen, liegt die Vermutung nahe, dass das Thema oder die Situation für diese Person nicht sonderlich attraktiv ist. Es ist an der Zeit, etwas zu verändern, denn: wenn das, was du tust, nicht zum gewünschten Resultat führt, mach etwas anderes!

L Die Begrüßung fällt eher kühl aus, sie ist eher zurückgelehnt und lässt ihn sich zu ihr vorlehnen. Damit signalisiert sie höheren Status und unterstreicht dies, indem sie nicht die gesamte Hand gibt.

M Die Frauen kennen sich untereinander eindeutig besser, der vermehrte Köperkontakt und die vorgelehnte Körperhaltung der beiden lassen auf guten Rapport schließen.

N Die Begrüßung ist herzlich, beide haben viel Körperkontakt und einen ähnlichen Status. Der eine hält die Hand mit beiden Armen, weshalb der andere als Ausgleich die Hand auf dessen Schulter legt. Der Machtkampf ist gebannt, beide sind auf einem Level.

Berührungen sind ein guter Indikator dafür, wie nahe sich zwei Menschen stehen. Unter Freunden und in der Familie ist ein anderes Ausmaß an Körperkontakt gestattet, als wenn eine größere Distanz zwischen den Betroffenen herrscht. Berührungen werden oft als Unterstreichung der Beziehung genutzt. Dadurch, wie sehr du dich jemandem nähern darfst, signalisierst du nicht nur ihm und er dir, sondern auch ihr beide eurer Umwelt, wie ihr zueinander steht.

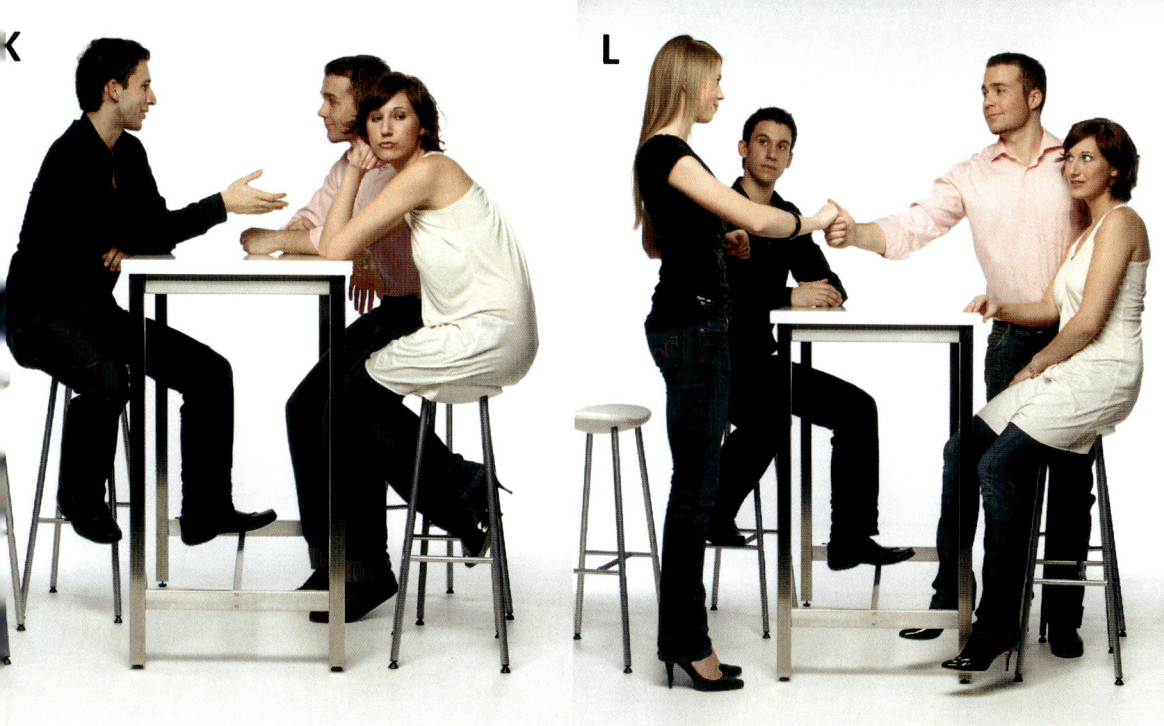

Die Form der Begrüßung zeigt ziemlich deutlich das Verhältnis zwischen zwei Menschen. Hier werden besonders im Freundes- und Bekanntenkreis große Unterschiede gemacht, die allerdings auch kulturell bedingt sein können.

O Eindeutig besteht zwischen dem Pärchen und den zwei anderen eine fast spürbare Grenze. Diese „Wand der Isolation" ist häufig in einer Gruppe zu beobachten, die sich aus untereinander sehr vertrauten Pärchen zusammensetzt, die für sich als Einheit funktionieren und dennoch Teil der ganzen Gruppe sind.

P Die Isolation hat sich verstärkt, da sich die zwei links offenbar sehr gut verstehen. Interessant ist hier besonders die Fußrichtung: Der Mann links ist noch auf seinen Freund fokussiert, wendet sich aber langsam der Frau zu seiner Rechten zu. Sein Kollege hat seine volle Aufmerksamkeit auf seine Freundin gerichtet, die zwei Frauen hingegen halten jeweils untereinander Kontakt.

Ja/nein/vielleicht/hab Angst

Auf einmal starre ich wie gebannt zur Tür, das gibt es doch nicht, das kann nicht sein, unmöglich! Ich stupse Thomas an und deute auf den Eingang: „Das ist sie!", japse ich, mehr zu mir selbst als für alle anderen hörbar. Ich bemerke gar nicht, wie Thomas und Caro plötzlich auflachen. Ich bin noch immer vollkommen perplex, auf einmal steht sie vor mir. Ich beginne zu stammeln, eine Wahnsinnsfigur und diese unendlich langen Beine, die mir in der Früh schon den Atem geraubt haben und oh Gott, jetzt kommt's mir erst, das ist die „nette" Freundin!

Sie gibt Caro ein Bussi links, eines rechts (genauso wie ich es heute früh aus Verlegenheit bei ihr getan habe) und geht dann rüber zu Thomas und begrüßt ihn, wie wahnsinnig gerne ich wüsste, ob sie mich schon geküsst habe! Dann dreht sie sich in meine Richtung, mein Herz macht einen Hüpfer, aber sie hebt nur die Hand und sagt: „Lara, freut mich!"

Erkennt sie mich nicht wieder? Bin ich im falschen Film? Ja, ich weiß schon, dass ich verdammt viel intus hatte und mein Blickfeld war sicher auch etwas getrübt, aber das war sie 100%ig, denke ich. Also ganz sicher darf ich mir natürlich nicht sein, wie gesagt, - war ja eine flüssige Geschichte.

Ist schon eine seltsame Situation, ich glaub aber, ihr geht's nicht viel besser als mir, sie wirkt ein bisschen unsicher und weicht meinem Blick aus. Ich kann nicht anders, hab mich schon wieder dabei erwischt, wie ich sie anstarre, wir haben noch kein Wort gewechselt, auf einmal dreht sie sich zu mir und fragt: „Und Tim, machst du das immer so? Einfach abhauen in der Früh?" Ich bin gerade nicht in der Lage, ihr zu antworten, der Restalkohol mischt sich mit der neuen Ladung Cocktails und mein Magen macht eine Drehung, wie kann ein Mensch allein nur so viel trinken? Mit 40 hab ich sicher einen Leberschaden! Ich hab so das Gefühl, es war nicht sonderlich gut, ihr keine Antwort zu geben, mit einem etwas gekränktem: „Verstehe!", dreht sie sich weg, hey, jetzt kenn ich mich gar nicht mehr aus, liegt ihr etwa was an mir?

Kennt ihr das, wenn man sich fühlt, als würde man alles durch einen riesigen Polster sehen, tja, so geht's mir im Moment und es ist kein Fünkchen Besserung in Sicht, Thomas lässt nämlich

nicht zu, dass mein Glas leer wird, pah - und so was nennt sich Chef! Es ergibt sich ein richtig nettes Gespräch, also so nett, wie ein Gespräch nur sein kann, wenn der neu gewonnene Freund gleichzeitig dein Vorgesetzter ist und die Frau deiner Träume dich ignoriert. Ich weiß, das ist keine Entschuldigung, aber ich war betrunken, da macht man blöde Sachen, am liebsten würde ich ihr das so sagen, kommt mir aber nicht über die Lippen, soweit kommt's noch, dass ich mich vor einer Wildfremden rechtfertige!

Ich weiß nicht, was mich da reitet, aber ich mache plötzlich etwas unglaublich Blödes, na, ist ja nicht das erste Mal heute, aber trotzdem, alles muss dann auch wieder nicht sein ... Wie in einem schlechten Film höre ich mich sagen: „Es tut mir so wahnsinnig Leid, Lara. Ich mein das ehrlich! (Bis dahin ist es noch halb so schlimm, ich lalle zwar, aber das klingt nett – und jetzt kommt's!) Was ich eigentlich wissen will... ähm, du weißt schon, ähm, haben wir miteinander geschlafen, ich mein ähm war ich ... gut?" Gott, nein, so was kann man doch nicht wirklich fragen, das denkt man sich bestenfalls... aber so was fragt man nicht, - weder ob, weil ... was soll sie denken, noch Letztere (ich wiederhole diesen Satz sicher nicht, nie mehr in meinem Leben), jetzt hab ich es endgültig versemmelt.

Unter Freunden

O **P**

Es ist auf einmal völlig ruhig am Tisch, betretenes Schweigen, als wäre jemand gestorben oder so, also das ist ja wieder mal typisch, ich sag was Dummes und alle rund herum kriegen es mit. Warum starren mich denn alle so an? Also mal ehrlich, Leute, so schlimm war das jetzt auch wieder nicht, können wir das nicht bitte aus dem Protokoll streichen, so als hätte ich das nie gesagt? Bitte? Plötzlich bricht schallendes Gelächter aus, Thomas boxt mir gegen die Schulter und die Mädels kichern, als hätte ich ihnen den lustigsten Klatsch und Tratsch aller Zeiten erzählt.

Jetzt komm ich gar nicht mehr mit, was passiert hier gerade? Lachen die mich aus, finden die das lustig? Also ich kann euch sagen, für mich ist es das nicht lustig, auf gar keinen Fall, warum schließen mich nur immer alle aus, oder ist der Wodka schuld und ich hab's deshalb nicht mitbekommen? Memo an mich: weniger trinken, um nicht immer die besten Augenblicke zu verpassen. Keiner will mich aufklären, sie prusten immer gleich los, wenn ich nach dem Grund der Belustigung frage …

Was hab ich letzte Nacht nur angestellt, ich bin mir sicher, dass es was damit zu tun hat. Und warum wissen eigentlich alle davon, nur ich nicht? Na toll, prächtig, jetzt kommen sie auch noch auf die Idee, mich raten zu lassen und machen eine Art Scharade daraus, was soll denn das? Ich bin doch keine fünf mehr! Naja, vielleicht hab ich mich ein bisschen so benommen, aber fair ist das nicht. Wenigstens hat Lara jetzt wieder einen Grund, mit mir zu plaudern, ich hab zwar immer noch keine Ahnung, was gestern war, aber sie beachtet mich! Wir verste-

hen uns gut, ich erzähle ihr vom heutigen Tag, Elsa und der Präsentation und allem, sie zerkugelt sich fast vor Lachen, das ist wohl ein gutes Zeichen. Natürlich kann es auch am Alkohol liegen, aber ich bin mir fast sicher, dass es diese Wahnsinnsfrau verursacht, ich nehme nichts mehr um uns wahr, wie sie mit ihren Haaren spielt, ihre Kleidung zurechtzupft, man könnte fast meinen, sie will was von mir. Ich bin eine Einmann-Katastrophe!

Wie komm ich überhaupt zu diesem Kugelschreiber? Hätte der Kellner seinen Stift nicht liegen lassen, könnte das gar nicht passieren. Wären wir in Amerika, würde ich ihn verklagen! Ich schnappe mir eine Serviette, nein Tim, tu das nicht! Warum höre ich eigentlich nie auf meine innere Stimme? Mit meiner schönsten Schrift male ich die Worte: „Willst du mit mir gehen? Ja/Nein/Vielleicht/hab Angst!" darauf und schiebe das zerfledderte Papierteil auf Laras Seite des Tisches. Wieder kichert sie, puh, hab ich Glück, dass diese Frau Spaß versteht!

Wir kommen uns immer näher, sie beugt sich zu mir, ich versuche sie möglichst wenig anzuatmen, immerhin ist der Geruch von Alkohol und kaltem Rauch nicht sonderlich erotisch und beim Braunstätter, äh Thomas, hat sich das auch schon bewährt.
Sie kommt ganz nah zu mir und fragt mich, ob ich wissen will, was gestern passiert ist, wieder kichert sie. Natürlich möchte ich es wissen! Grinsend schüttelt sie den Kopf und sagt: „Ich hab es mir anders überlegt, das musst du dir erst verdienen!" Typisch Frau, erst heiß auf etwas machen und dann so was…

Flirten

Flirten ist die wohl prickelndste Art zu kommunizieren. Ein Gespräch voller Spannung, in dem die Körpersprache eine ganz tragende Rolle spielt, wenn nicht sogar die wichtigste, die einzige! Flirten gilt als das Spiel mit der Liebe, übersetzt bedeutet flirten „hin und her flattern", Erotik verleiht Flügel, sehr treffend, wie wir finden. Auf Seiten der Frau ist die Köpersprache beim Flirt sehr facettenreich, der Mann strahlt hauptsächlich hohen Status aus. Genau deshalb konzentrieren wir uns bei diesem Thema stark auf den weiblichen Part. Flirtsignale werden meistens unbewusst gesendet und oft nicht als diese gedeutet und gesehen. Diese Art der Begegnung ist etwas Normales zwischen Mann und Frau, vielen ist oftmals gar nicht bewusst, dass sie gerade flirten. Ein Flirt entwickelt sich.

Der Beginn eines Flirts geht oftmals von der Frau aus, sie baut Blickkontakt auf, mustert ihn und setzt somit alles weitere in Gang - oder eben nicht, weil der Mann nicht erkennt, was gerade passiert. Aus diesem Grund lassen sich Menschen wunderschöne Dinge entgehen, nicht weil sie es nicht wollen, sondern weil sie es nicht wahrnehmen.

Vielleicht verleitet dich dieses Kapitel schon jetzt dazu, dich selbst ein Stück genauer zu beobachten und/oder auf Dinge zu achten, deren Bedeutung dir beim Lesen dieses Buches bewusst werden.

A Mit den Fingern an den Lippen entlang streichen und den Kopf zur Seite neigen oder nach unten senken sind eindeutige Flirt Signale.

B Das Blecken der Zähne vermittelt Lust auf mehr und der freigelegte Hals signalisiert Vertrauen.

C Ein verschmitzter, vielleicht unsicherer Blick und das Beißen auf die Lippe können für Interesse stehen und zeigen, dass die Unsicherheit besteht, von sich aus aktiv zu werden.

D Besonders offensichtlich wird der freigelegte Hals durch das Zurückstreichen der Haare und das Berühren des eigenen Halses.

E Direkter Blickkontakt, das Spiel mit den Haaren und das Berühren des eigenen Körpers, wie auch das Zurechtrücken der Kleidung sprechen eine eindeutige Sprache: Komm her!

F Verlegenheitsgesten und unterwürfige Kopf- und Körperhaltung sind die normalen Flirt-Signale, die Frauen senden.

G Entspannter Gesichtsausdruck und lasziver Blick im Rahmen des Konstruierens deuten auf einen sexuellen Wunsch hin.

Wir haben uns in einem vorhergehenden Kapitel schon intensiv mit Status beschäftigt. Flirten bietet das wohl alltäglichste und offensichtlichste Beispiel sowohl für Hoch- als auch für Tiefstatus. Die Flirtsignale, welche eine Frau sendet, signalisie-

A

B

C

D

ren absoluten Tiefstatus, aus diesem führt sie in diesem Falle auch oft. Im Gegensatz dazu sind die Flirtsignale, welche ein Mann sendet, repräsentativ für den Hochstatus – auch wenn er weitaus weniger Macht in dieser Position hat als die Frau. Das macht noch einmal deutlich, dass Status zwar neutral ist, allerdings in bestimmten Situationen gezielt genutzt und eingesetzt werden kann.

H Jene Hand, die mit der Oberseite nach vorne zeigt, führt: meist ist es die des Mannes.

I Mit den Fingern ineinander verschränkte Hände signalisieren Gleichberechtigung und Verbundenheit.

J Eine seitliche Handhaltung wird meist durch starke Frauen gelenkt und stellt einen Kompromiss in der Führung dar, wobei jedoch die Autorität der Frau überwiegen kann.

Treffen Männer und Frauen aufeinander, führt der Mann meist offensichtlich, was auch die Haltung der Hände deutlich macht, doch die Frau lenkt.

E

F

G

H

129

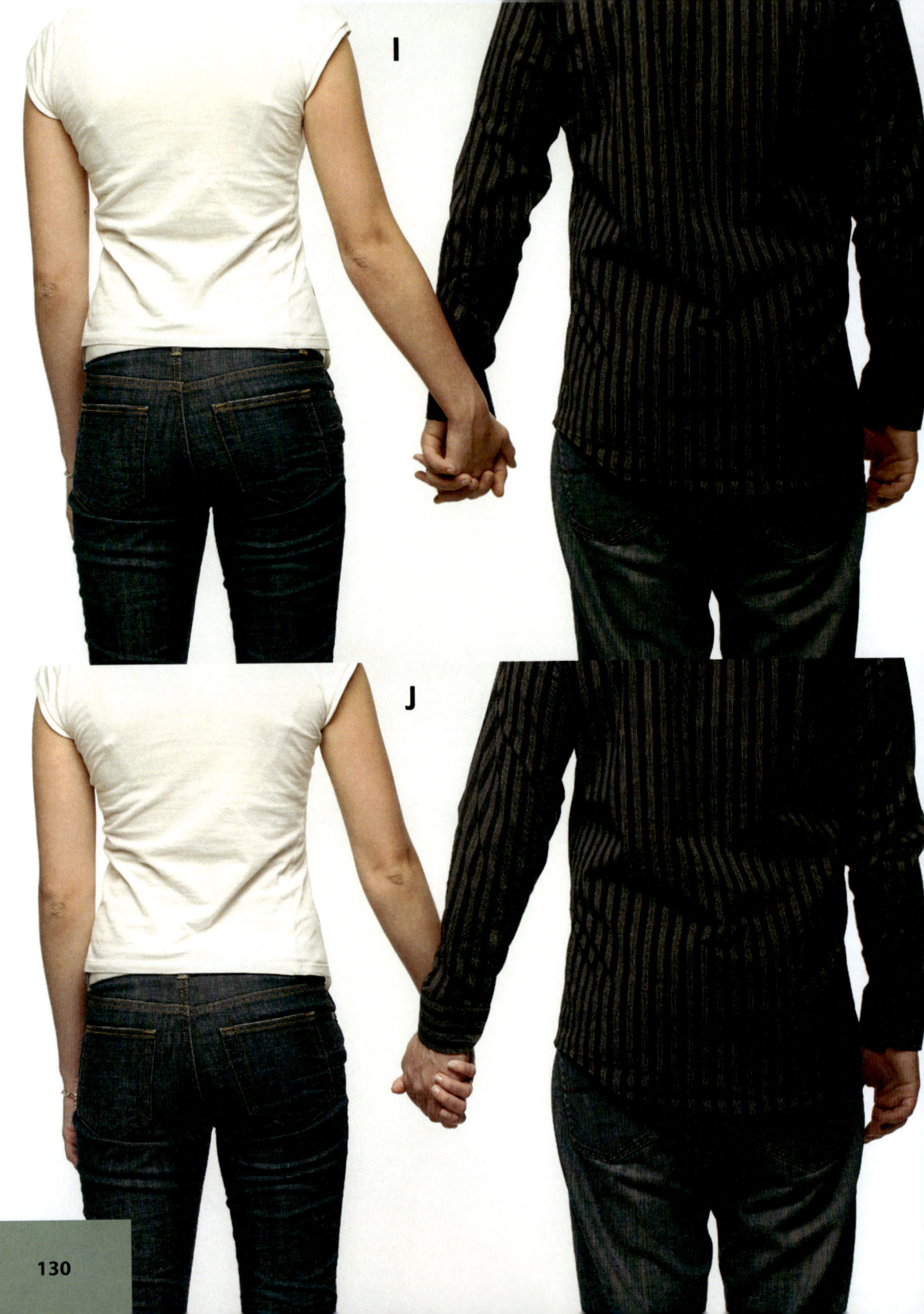

I

J

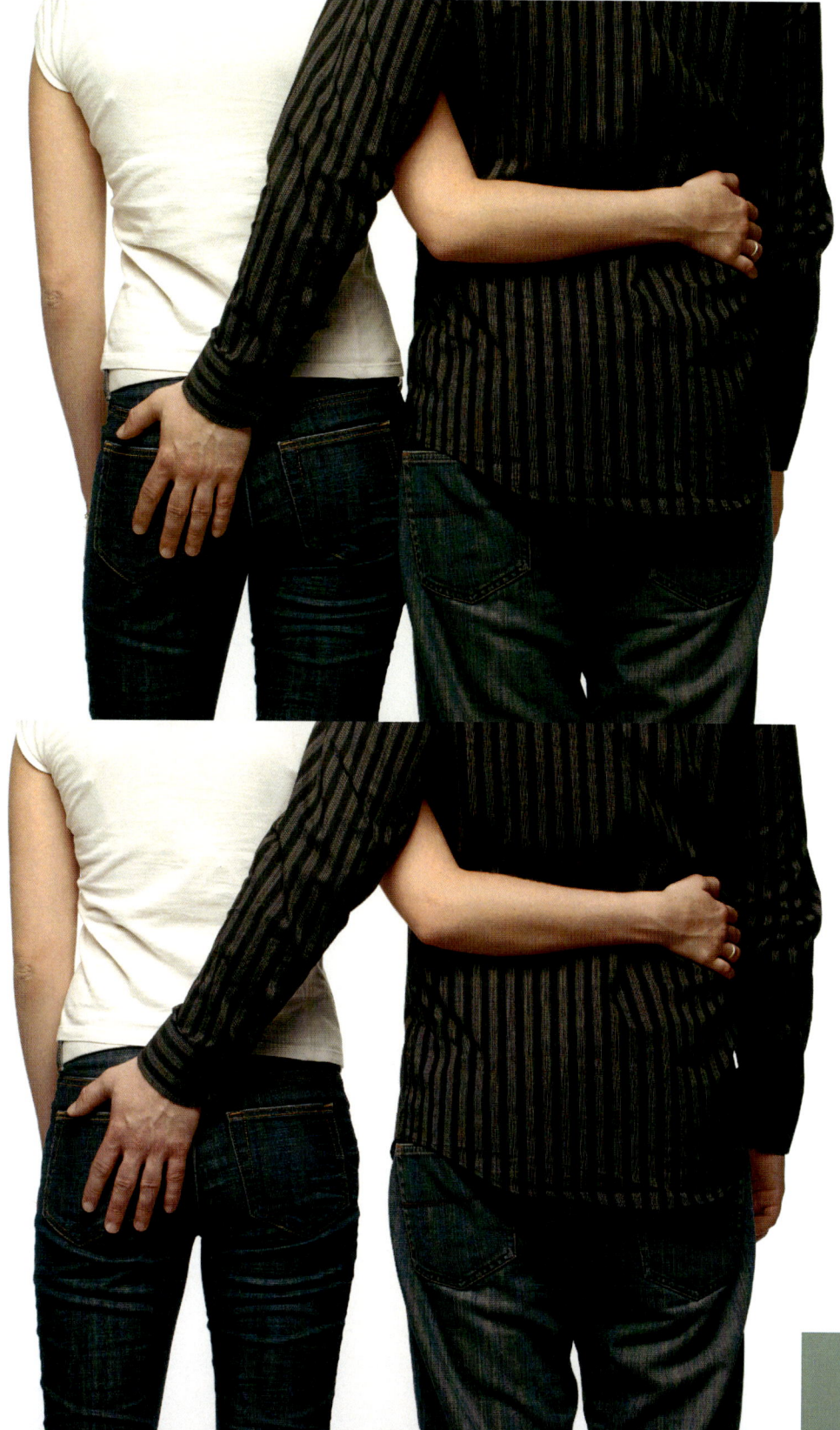

K Je enger die Hüften zusammengehalten werden, desto mehr sexuelle Anziehung besteht bei einem Pärchen. Oft ist dies bei Frischverliebten zu beobachten.

L Bleiben die Hüften hingegen voneinander entfernt, zeigt sich die andere Seite. Die Hand auf dem Po der Partnerin spricht dennoch für sexuelle Nähe, in diesem Fall mehr von Seiten des Mannes.

M Die Hüften eng zusammen, ohne sexuelle Signale der Hände, sind oft bei Paaren zu beobachten, die schon lange glücklich zusammen sind. Besonders bei Paaren ist zu beobachten, dass sich die Haltung zueinander im Laufe der Zeit verändert. Frisch verliebte Paare berühren sich oft mit den Hüften, es besteht ein starker Köperkontakt. In Beziehungen, die schon länger bestehen, kommt es oft vor, dass sich beide selbst beim Küssen nur noch wenig oder gar nicht mit dem Becken, den Hüften nahe kommen.

N Die Hand am oberen Rücken ist als Unterstützung und Trost zu verstehen.

O Weiter unten spricht sie eine andere Sprache: Sexuelle Nähe ist erwünscht.

P Breite, lässige Körperhaltung des Mannes und unsicherer Stand auf Seiten der Frau sowie das Festhalten am Arm zeigen, wer die führende Rolle hat.

Q Ein freundschaftlicher Kuss auf die Wange, der für ihn leidenschaftlicher ausfällt als für sie: Mit dem Interesse bereits woanders, ist auch ihr Körper abgewandt und lässt wenig Raum für direkten Kontakt.

R Fest umschlungen und von hinten maskuline Geborgenheit empfindend fällt es vielen Frauen leichter, sich leidenschaftlich fallen zu lassen.

S Indem die Frau eine führende Rolle übernimmt, verstärkt sie hier sein Interesse, seine Hände umschließen sie enger und beide suchen möglichst viel Körperkontakt.

T Ein leidenschaftsloser Kuss, der für wenig sexuelle Nähe spricht und mehr Routine als echte Emotion ist.

U Leidenschaftlicher ist der Eindruck hingegen durch die enge Hüfthaltung und das Heranziehen des Partners.

V Wie in einem Hollywood-Film hält er sie fest und beugt sie nach hinten. Er signalisiert damit die Sicherheit, die er bietet, und die Leidenschaftlichkeit, mit der er küsst. Ihre eng an seinen Körper angeschmiegten Beine verstärken diesen Eindruck.

*Ü*bung: Selbstwahrnehmung

Was du dazu brauchst: Dich selbst und gute Laune.

Was zu tun ist: Wie sprichst du zu dir selbst, was sagst du zu dir, wenn du in den Spiegel blickst?

Was auch immer es ist, lass mich raten: es ist nicht sonderlich positiv formuliert, du fühlst dich nicht unbedingt gut dabei, vielleicht fällt dir auch gar nichts ein? Egal, was es ist, heute machst du etwas völlig anderes!

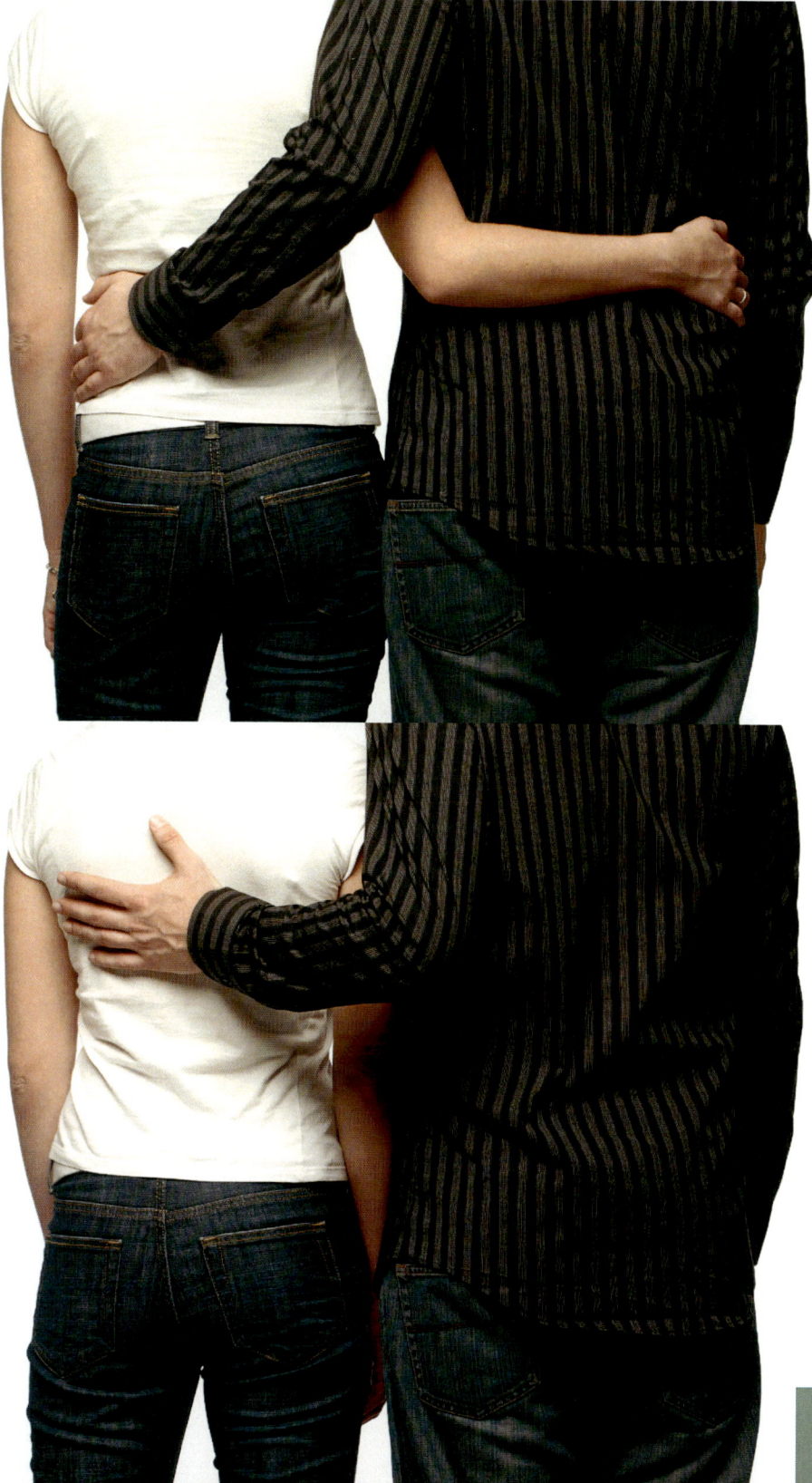

Lass die Worte: „Ich bin atemberaubend!" (gerne kannst du hier auch etwas anderes einsetzen) zu deinem Mantra werden!

Egal, in welche Situation du dich heute begibst, sag dir diesen Satz vorher, währenddessen (oder wann immer es dir möglich ist) innerlich vor. Wenn du spazieren gehst, in der Straßenbahn stehst, mit deinem Chef, deinem Partner, deinen Kindern sprichst – einfach immer!

Reflexion: Wie reagieren die Menschen auf dich, ändert sich etwas in deiner Wahrnehmung? Wie fühlst du dich selbst dabei, so positiv mit dir zu kommunizieren?

Der Sinn dahinter: Gedanken beeinflussen uns. Durch die Art, wie wir mit uns sprechen, verändern wir unsere Wirkung, nicht nur auf andere, sondern auch auf uns selbst.

Du kreierst mit deinen Gefühlen deine eigene Realität – du wählst, wie du dich fühlst. Sprich positiv mit dir, dein Unbewusstes wird sein Möglichstes tun, das, was du dir wünschst, auch zu erreichen.

Deine Ausstrahlung und auch deine eigene Stimmung werden sich dem anpassen, was du zu dir selbst sagst.

Flirten

V

U

Werte

Werte sind Nominalisierungen, im Grunde heißt das: es sind große, gut klingende Worte, die für jeden Einzelnen etwas anderes bedeuten. Werte motivieren Menschen, sie leiten uns und erklären, wieso wir handeln und wie wir es tun, sie bezeichnen das, was einem Menschen lieb und teuer ist und haben große Bedeutung für das Individuum.

Sie beziehen sich auf etwas Allgemeines, jede Person gibt ihren Werten ihre eigene persönliche Bedeutung. Sie lassen sich hierarchisch ordnen nach ihrer Wichtigkeit und sind oft unbewusst. Es gibt Werte, die sich stärker auf unser Handeln und Verhalten auswirken als andere. Oft kommen Werte nicht aus uns selbst, sondern werden von der Familie, den Freunden und sogar dem Fernsehen übernommen.

Die 10 Gebote veranschaulichen die Reihung der Werte der Religion.

Sie unterscheiden sich in „hin zu"- und „weg von"-Werte. Zweitere sind immer die stärkeren! So wäre ein „hin zu"-Wert: Gesundheit. Das „weg von"-Pendant dazu hieße (zumindest in unserer Welt): Krankheit. So ist es eher der Fall, dass Menschen zum Arzt gehen, wenn sie krank sind – also „weg von" (Krankheit) handeln, statt sich von vornherein gesund zu ernähren und Sport zu betreiben, um gesund zu bleiben. Die Motivation gesund zu werden ist schlicht und ergreifend größer als die, etwas zu tun, um bei bester Gesundheit zu bleiben.
Oft ist es sehr spannend herauszufinden, wovon man weg will, wenn man ein Ziel hat und umgekehrt, was man stattdessen möchte, wenn man weiß, was man nicht mehr will.

Nicht immer ist etwas, das wir im ersten Moment als Wert bezeichnen würden, auch wirklich ein Wert. Es gibt Kriterien, die uns zu Werten führen. So ist Freiheit ein Wert, hinter welchem viele Kriterien stecken können. So bedeutet Freiheit für den einen, eine Familie zu haben, für den Nächsten, eine Million Euro am Konto zu wissen und für wieder einen anderen vermutlich etwas völlig anderes. Dies kannst du herausfinden, indem du nachfragst: „Was bedeutet das für mich?", „Wofür ist das gut?", „Woran erkenne ich, dass ich das erreicht habe?". Hinter Werten stehen individuelle Interpretationen.

$\mathcal{U}$ bung: Werte

Was du dazu brauchst: Dich selbst, einen Stift und ein Blatt Papier.

Was zu tun ist: Suche dir einen bestimmten Kontext aus, zu dem du deine Werte reihen möchtest. Das kann dein Berufsleben, dein Liebesleben oder was auch immer dir gerade wichtig ist sein. Schreibe all die Werte auf, die dir in diesem Bereich deines Lebens wichtig sind.

Schreibe diese untereinander auf das leere Blatt Papier. Kontrolliere, ob es sich bei allem, was du aufgeschrieben hast, wirklich um Werte handelt.

Reihe die Werte nach Wichtigkeit, indem du sie miteinander vergleichst. Wert 1 oder 2, welcher ist dir wichtiger?

Worauf könntest du verzichten? Vergleiche den jeweils wichtigeren der beiden mit dem nächsten Wert, bis du alle gewichtet hast.

Hast du jeden Wert mit jedem anderen verglichen, ergibt sich eine Reihung, welche dir die Hierarchie deiner Werte deutlich macht.

Reflexion: Sind deine Werte so gereiht, wie du es dir gedacht hast? Wie ist es für dich, deine Werte schwarz auf weiß vor dir zu haben?

Der Sinn dahinter: Werte bezeichnen das, was dir wichtig ist, oft ist es gut, dir selbst bewusst zu machen, was dich eigentlich leitet.

Die logischen Ebenen des NLP

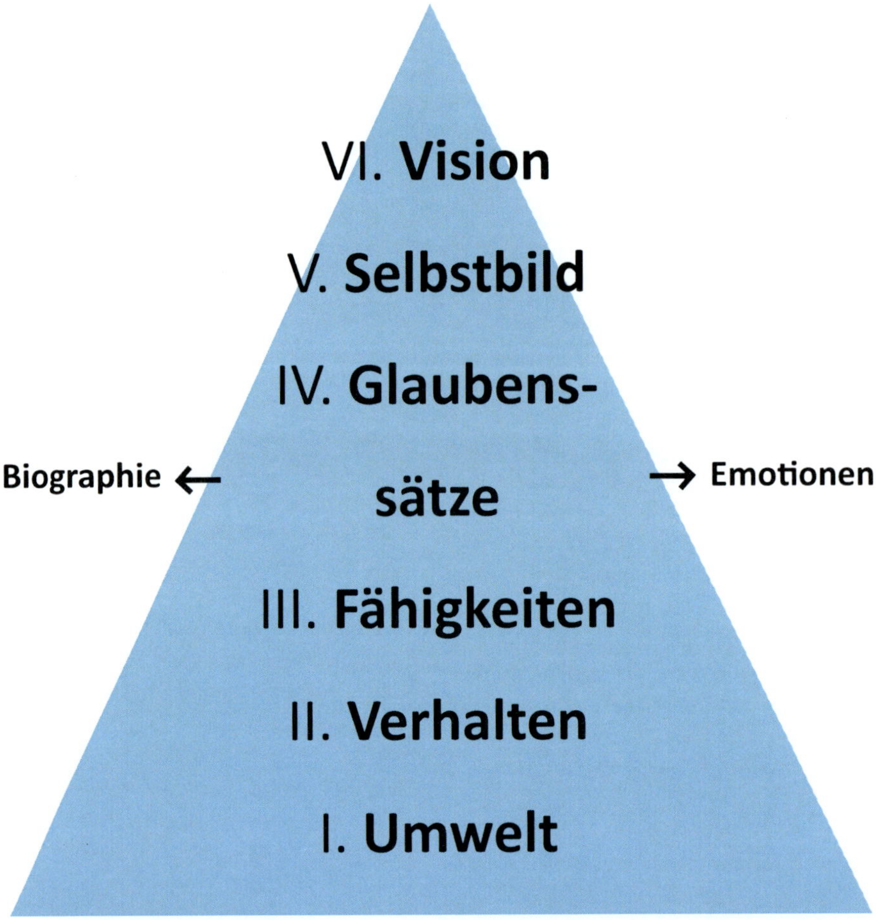

VI. **Vision**

V. **Selbstbild**

IV. **Glaubens-**

Biographie ←   → Emotionen

sätze

III. **Fähigkeiten**

II. **Verhalten**

I. **Umwelt**

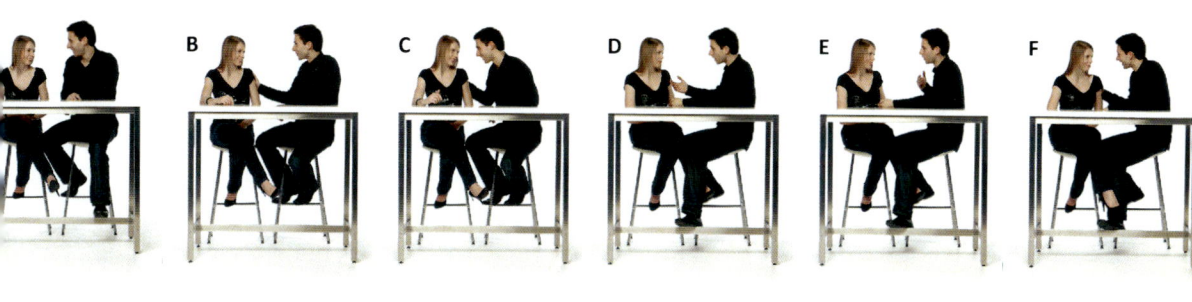

B   C   D   E   F

A

! Die Hüften sprechen für sexuelles Interesse: Er wendet sich ihr direkt zu, ein Phänomen, das besonders abends in Cocktailbars gut zu beobachten ist.

B

! Er stellt Körperkontakt her, zuerst entlang der Außenseite ihrer Oberarme, um sich Schritt für Schritt anzunähern.

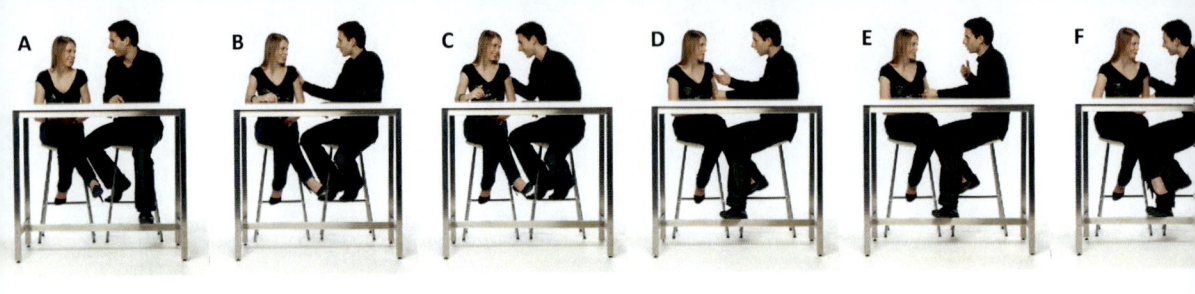

C

D

! Das Hineinlehnen sollte tunlichst vermieden werden, es sei denn, die Umgebung erlaubt es nicht anders, beispielsweise wegen zu lauter Musik.

! Nun sind auch ihre Füße näher gekommen, völlig unbewusst beginnt sie Körperkontakt herzustellen.

Flirten

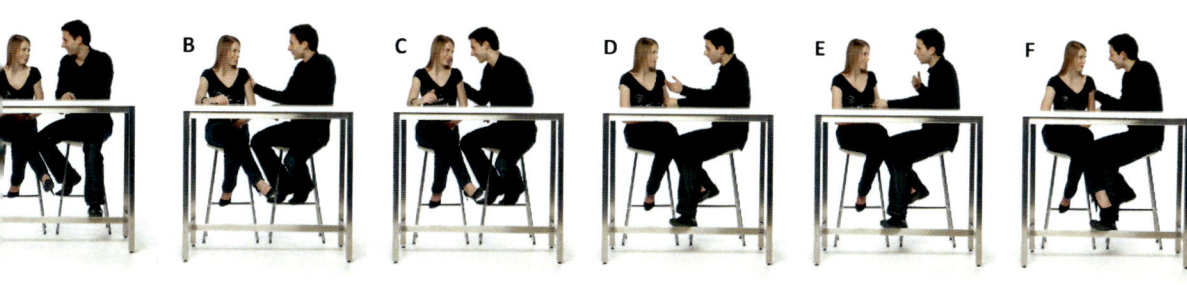

B C D E F

E

F

! Mit der Gestik zieht er sie zu sich heran, ein Phänomen ähnlich der „Barriere" mit den Gläsern.

! Sie fühlt sich offensichtlich wohl und verstärkt weiter den Körperkontakt, lässt ihn näher heran und beugt sich zu ihm hinein.

A Seine Haltung der Füße, eine Alternative zu übereinander geschlagenen Beinen, spiegelt die Frau (crossover pacing) und betont mit dem entstehenden „Dreieck" seine Männlichkeit. Er lehnt sich zu ihr hinein, um sie zu berühren, hält den Oberkörper aber möglichst gerade und aufrecht, um hohen Status zu wahren.

Nirgendwo sonst sind nonverbale Signale so wichtig wie in der zwischengeschlechtlichen Kommunikation. Der Moment, der zwischen Anziehung oder Abneigung

entscheidet, ist jedoch oft nicht der erste Eindruck. Natürlich spielen viele Faktoren während der ersten Sekunden einer neuen Bekanntschaft eine wichtige Rolle, doch auch die stärkste Anziehung erlischt, wenn sie nicht physisch gelebt wird. Darum ist besonders in diesem Stadium der Begegnung Körperkontakt essentiell.

Bei erfolgreich angebahnten sexuellen Beziehungen ist von Anfang an ein erhöhtes Maß an direktem Kontakt beobachtbar und dies steigert sich mit der gemeinsam verbrachten Zeit. Wir erinnern uns an die

Kongruenz des eigenen Handelns, denn ein Kuss nach einer Stunde Unterhaltung, dem kein Körperkontakt vorausgeht, ist oft überraschend und unangebracht. So ist ein geschultes Auge in der Lage, die Flirt-Signale zu erkennen und mit der dadurch gewonnenen Sicherheit kann erfolgreich und für beide Partner angemessen Körperkontakt hergestellt werden.

Dieser beginnt meist mit gehäuft zufälligen Berührungen an der Außenseite des Körpers und je intensiver sich beide kennenlernen, desto intimer werden auch die Berührungen, später sind sanftes Streicheln an der Innenseite von Unterarmen, der Hand und den Oberschenkeln sehr beliebt.

Auch unterscheiden sich die nonverbalen Signale von Mann und Frau selten so deutlich wie während der Verführung. Die Frau, die bemüht ist, in ihrem Tiefstatus Wärme und Nähe auszustrahlen und der Mann, der Sicherheit und Geborgenheit durch Hochstatus signalisiert.

B Kurz darauf lehnt er sich wieder hinaus, erzeugt ein Vakuum und fordert sie damit nonverbal auf, zu reagieren. Dies tut sie mit einem klaren Flirtsignal, dem unbewussten Spiel mit ihren Haaren und der Lockerung ihrer Körperspannung.

C Langsam wendet sie sich ihm auch immer mehr zu. Er bleibt hingegen sehr ruhig und zurückgelehnt sitzen. Seine langsame, bestimmende Gestik und Mimik unterstreichen den souveränen Eindruck.

D Sie berührt sich unbewusst an den Lippen und sendet damit weitere Flirtsignale.

E Nun streichelt sie sich auch selbst am Hals und entlang des Brustbeins, legt ihren Kopf zur Seite. Er bleibt weiter entspannt in seiner Körperhaltung.

F Sie rückt nun zu ihm auf und stellt von sich aus viel Körperkontakt her. Das nonverbale Vakuum ist gefüllt, sie hat den Fuß in seine Richtung gedreht und er umschließt sie mit seinem rechten Arm. Durch ihr Näherkommen hat sich auch seine Beinhaltung geöffnet.

G Er stellt immer mehr Körperkontakt her, beginnt zusätzlich einen Anker zu setzen.

H Beiläufig berührt er immer mehr ihre empfindsameren Körperstellen, beginnend bei den Händen baut er nebenbei eine Ankerkette ein.

I Die guten Gefühle, die während der Unterhaltung entstehen, führen zu noch mehr Körperkontakt und einer besonders angenehmen Atmosphäre. Sie halten fest umschlossen Händchen und sitzen beide zurückgelehnt da. Er ist dennoch in einer Position, die ihm ermöglicht, mehr mit Körperkontakt zu arbeiten.

Ankerketten

Ein „Kettenanker" oder eine „Ankerkette" bezeichnet die Aneinanderreihung von verschiedenen Ankern, welche dich unterschiedliche Zustände hintereinander erleben lassen. Ziel ist, auf einen Reiz wie Langeweile durch das Auslösen der Ankerkette sofort mit Motivation und Tatendrang zu reagieren. Dieser Prozess kann innerhalb weniger Sekunden ablaufen.

B

D

C

E

F

H

G

I

Kettenanker können in jedem Repräsentationsmodell gesetzt werden.

Du reagierst also positiv auf einen Reiz, der für dich eigentlich negativ ist. Dies wird durch das Auslösen der Anker erreicht, welche die Zwischenschritte zwischen unerwünschtem und erwünschtem Zustand hervorrufen. Mehrere Schritte führen dich also zu einem Ziel, mit dem Vorteil, dass du diese nicht mehr wirklich durchleben musst, sondern es in Zukunft reicht, den Anker auszulösen.

$\mathcal{U}$bung: Kettenanker

Was du dazu brauchst: Ein bisschen Zeit und einen Übungspartner.

Was zu tun ist: Geht diese Übung Schritt für Schritt durch, tauscht die Rollen, wenn ihr fertig seid.

1. Findet einen Zustand wie z.B.: Stress, Angst, Lustlosigkeit,... welcher für deinen Übungspartner einen eher unangenehmen Beigeschmack hat.

2. Wohin will dein Gegenüber? Was ist das Optimum in diesem Augenblick, der Zielzustand? Was soll anstelle des Gefühls sein?

3. Besprecht, welche Zustände dein Partner durchlaufen muss, um beim gewünschten Zustand anzugelangen.

4. Ankere jedes dieser Gefühle kinästhetisch, am besten in einer Reihe, direkt nebeneinander (Oberschenkel oder Unterarm bieten sich an).

5. Nutze Anker 1 (den des Ausgangszustandes), sobald sich die Physiologie auch nur eine Spur verändert, drücke den nächsten, dann den nächsten (sei dabei schnell, bei der kleinsten Veränderung in Körperhaltung, Atmung, Spannung gehst du bereits zum nächsten Anker über), bis du beim Zielzustand angelangt bist.

6. Wiederhole das Auslösen der Anker in dieser Reihenfolge einige Male.

7. Als Test: löse bitte noch einmal den ersten Anker aus und erkenne, ob der verkettete Prozess jetzt von selbst entsteht (das kannst du gut an der Physiologie deines Übungspartners erkennen). Ziel ist es, dass der erste Anker die ganze Kette auslöst.

Reflexion: Probiere deinen Kettenanker bei Gelegenheit aus – funktioniert er? Wie fühlt es sich an?

Der Sinn dahinter: Mit Hilfe dieser Technik kannst du deine eigenen Zustände ganz einfach so umkehren, dass du das Bestmögliche aus einer Situation machst.

J Die Ankerkette gipfelt in einer Berührung am Hals, einer Stelle, die sowohl sehr empfindlich bei vielen Frauen ist als auch einen sexuellen Bezug hat.

K Nun wird die gesamte Situation wesentlich intimer, sie lehnt sich direkt an ihn an und nimmt einen devoteren Status ein.

L Er signalisiert durch die entspannte Körperhaltung, die sich von Beginn an

K

J

153

und besonders im Vergleich zu ihr nur sehr wenig verändert hat, dass er Geborgenheit und Sicherheit bietet.

M Der Anker wird erneut getestet, weitere positive Gefühle werden evoziert und mit seiner Person verknüpft.

N Der Blick auf ihre Lippen ist ein eindeutiges Signal: Ich will dich küssen!

O Wandert der Blick zwischen Augen und Lippen, ein sogenannter „Dreiecksblick", dann entsteht oft auch beim Gegenüber der unbewusste Wunsch nach dem Kuss.

P Er entscheidet, die Lokalität zu wechseln, um eine ruhigere und gegebenenfalls lichtschwächere Umgebung aufzusuchen, in der sie noch intimer werden können. Um sie zum Aufstehen zu bewegen, begibt er sich zuerst auf gleiche Augenhöhe und zieht ihre Hand leicht nach oben.

Q, R So geht er auch voraus und zieht sie sanft hinter sich nach. Mit bereits hergestelltem Körperkontakt wird sie eher bereit sein, ihm zu folgen als ohne.

Miteinander gehen

Die Stimmung ist richtig gut, wir sitzen mittlerweile auf einer schönen Ledercouch, diese Spießerhütte gefällt mir langsam. Woher der Mut kommt, weiß ich nicht, aber ich verabschiede mich, so lange sie noch da sind, lieber schnell von Caro und Thomas, wer weiß, vielleicht passiert mir das nie wieder.

Ich stehe auf und halte Lara die Hand hin: „Vertraust du mir?" Etwas zögerlich legt sie ihre Hand in meine und steht auf, währenddessen blickt sie mir in die Augen, grüne Katzenaugen sehen mich fragend an. Ich halte sie immer noch an der Hand und sage: „Komm mit!" und gehe.
Wie ein kleines Schulkind watschelt sie hinter mir her, fühlt sich gut an. Draußen fragt sie: „Wohin jetzt"? Ich antworte: „Zu dir, da waren wir immerhin schon!" Wir schlendern los, ich umarme sie, halte ihre Hüfte, sie hat nichts dagegen. Zu früh gefreut... sie bleibt stehen. Ich lasse den Abend nochmals Revue passieren und frage mich, was ich falsch gemacht habe.

Es scheint eine Ewigkeit zu dauern, bis sie spricht: „Tim? Du wolltest ja wissen, was gestern zwischen uns passiert ist ... Ich hoffe nur du bist nicht enttäuscht, wenn ich es dir erzähle, ... also ich meine, du erwartest sicher was anderes... (wieder der Grinser übers ganze Gesicht) naja, es ist so, also sagt dir der Name Daisy was?" Ein Dreier?
Das wird ja immer besser! Oder warte mal, warum lacht sie so? Ich schüttle den Kopf, jetzt fällt mir erst auf, dass das auch bedeuten könnte, dass ich vorher eine andere angebraten habe oder noch schlimmer, das will ich mir gar nicht ausmalen! Wenn sie nicht bald mit der Sprache rausrückt, verliere ich noch den Verstand!

Wieder setzt sie an: „Also, du hast die Nacht eigentlich nicht mit mir, sondern mit Daisy verbracht, sie ist so was wie meine Mitbewohnerin, aber ihr Bett war zu klein, darum hab ich dich bei mir schlafen lassen ... immerhin warst du sehr betrunken!" Da war noch eine Frau? Wie konnte ich die übersehen und was am allerwichtigsten ist, ich will gar keine andere, diejenige, die da vor mir steht, finde ich eigentlich ziemlich klasse!

Aber das kann ich vergessen, wenn ich mit ihrer Mitbewohnerin geschlafen habe. Ich versteh die Welt nicht mehr, wie konnte das nur passieren? Ein solches Blackout hatte ich nicht mehr seit ... warte mal, seit ich achtzehn war! Plötzlich zieht sie mich zur Tür, ich hab gar nicht gemerkt, dass wir schon fast bei ihr zu Hause sind.

Sie schließt auf, kurz bevor wir im Stiegenhaus stehen, dreht sie sich nochmals um, ich glaube, ich falle in Ohnmacht ... sie schmeckt so... süß und weich... und? Warte mal, was passiert denn jetzt? Zuerst erzählt sie mir von Daisy und dann? Ihre Lippen kommen noch einmal wie heute früh, ganz nah an mein Ohr und sie flüstert kichernd: „Daisy ist mein Kaninchen, du Trunkenbold!"

Flirten

L

M

P

Q

R

Über die Autoren

Ben Ahlfeld gehört zu den Trainern der neuen Generation und verfügt über ein umfangreiches Fachwissen, der Lehrstil ist unterhaltsam und gleichzeitig tiefgehend. Seine Teilnehmer sind begeistert davon in der gelebten praktischen Anwendung zu lernen, was seine Ausbildungen besonders spannend macht.

Er wurde von Dr. Richard Bandler persönlich zum lic. NLP-Trainer ausgebildet. Für seine Kompetenz und Empathie wird er auch von seinen Kollegen geschätzt und ist Co-Trainer diverser internationaler Ausbildungen.

Lisa Thommesen ist bekannt für ihre grandiose Art, Lernprozesse auf spielerische und unterhaltsame Weise zu gestalten.

Im direkten Kontakt mit den Teilnehmern wird sie als Anlaufstelle für emotionale Themen wahrgenommen, wo sie in schwierigen Situationen den Weg zurück zum Licht weist und stets eine starke Schulter und ein offenes Ohr bietet.

Sie trainiert und coacht sowohl Persönlichkeitsentwicklung als auch NLP.

Kernkompetenzen:
• Lic. NLP-Ausbildungen nach Dr. Richard Bandler • Business NLP • Hypnose Workshops • Quality Coaching

Möchtest du NLP praktisch anwenden und dich privat wie beruflich rasend schnell weiterentwickeln? Dann informiere dich gleich jetzt über den Besuch unserer Workshops: **www.ZHIconsulting.de**

Völlig kostenloses Material erhältst du zusätzlich, indem du dich in unseren Newsletter einträgst.

Ebenfalls findest du über unsere Facebook Fanseite viele spannende Infos zum Thema NLP & Kommunikation: **http://www.facebook.com/NLPlernen**

NLP & Körpersprache

Erfolgreich nonverbal kommunizieren
1. Auflage
(c) 2010 Ben Ahlfeld und Lisa Thommesen
ZHI CONsulting
www.ZHIconsulting.de

ISBN: 978-3-842-35531-6

Hinweis
Die Ratschläge und Informationen in diesem Buch sind von den Autoren sorgfältig erwogen und geprüft, dennoch kann eine Garantie für die inhaltliche Richtigkeit nicht übernommen werden. Eine Haftung der Autoren bzw. des Verlages und seiner Beauftragten für Personen-, Sach- und Vermögensschäden ist ausgeschlossen.

Bildnachweis
Alle Bilder stammen von:
Stephan Huger, Wien
Fotostudio Huger
Architektur-, Werbe- und Produktfotografie, Industriefotografie und Businessporträts, www.studiohuger.at

Wir bedanken uns herzlich bei den Fotomodellen, mit denen wir sehr professionell und freundschaftlich arbeiten durften.

Layout und grafische Gestaltung
Petra Derfler, Wien
Newbreeze Publishing OG
www.newbreeze.at

Herstellung und Verlag:
Books on Demand GmbH, Norderstedt

FSC
www.fsc.org

MIX

Papier aus ver-
antwortungsvollen
Quellen
Paper from
responsible sources

FSC® C105338